Tentaciones Dulces

Repostería Creativa para una Vida Más Dulce

Sofia Díaz

Contenido

Pastel de mousse de fresa

Hace un pastel de 23 cm/9

Para el pastel:

100 g/4 oz/1 taza de harina con levadura

100 g/4 oz/½ taza de mantequilla o margarina, ablandada

100 g/4 oz/½ taza de azúcar glass (súper fina).

2 huevos

Para la mousse:

15 ml/1 cucharada de porcelana

30 ml/2 cucharadas de agua

450 g/1 libra de fresas

3 huevos, separados

75 g/3 oz/1/3 taza de azúcar glass (súper fina).

5 ml/1 cucharadita de jugo de limón

300 ml/½ pt/1¼ taza de crema doble (espesa)

30 ml/2 cucharadas de hojuelas de almendras ligeramente tostadas

Mezcla los ingredientes del pastel hasta que quede suave. Vierta en un molde para pasteles (molde) de 23 cm/9 engrasado y forrado y hornee en un horno precalentado a 190 °C/375 °F/termostato 5 durante 25 minutos hasta que esté dorado y firme al tacto. Retirar del molde y dejar enfriar.

Para hacer la espuma, espolvoreamos la gelatina sobre el agua en un bol y dejamos que quede esponjosa. Coloca el bol en una cacerola con agua hirviendo y déjalo hasta que se disuelva. Deja que se enfríe un poco. Mientras tanto, haga puré 350 g/12 oz de fresas y luego frótelas a través de un colador para desechar las semillas. Batir las yemas y el azúcar hasta que estén espumosas y espesas, y se separa de la batidora en forma de cintas. Agrega el puré, el jugo de limón y la gelatina. Batir la nata hasta obtener una espuma firme y luego incorporar la mitad a la masa. Con una batidora limpia y un bol, bata las claras a punto de nieve y luego incorpórelas a la masa.

Corte el bizcocho por la mitad horizontalmente y coloque la mitad en el fondo de un molde para pasteles limpio forrado con papel de aluminio (película plástica). Cortar las fresas restantes en rodajas y disponerlas sobre el bizcocho, luego esparcir encima la nata aromatizada y finalmente la segunda capa de bizcocho. Presione hacia abajo muy suavemente. Deje enfriar hasta que esté firme.

Para servir, invierta la masa en un plato y retire el papel de aluminio (film plástico). Decora con la nata restante y adorna con almendras.

Tronco de Navidad

Haz uno

3 huevos

100 g/4 oz/½ taza de azúcar glass (súper fina).

100 g/4 oz/1 taza de harina común (para todo uso)

50 g/2 oz/½ taza de chocolate natural (semidulce), rallado

15 ml/1 cucharada de agua caliente

Azúcar rallado (superfino) para enrollar

Para el glaseado (glaseado):

175 g/6 oz/¾ taza de mantequilla o margarina, ablandada

350 g (12 oz/2 tazas) de azúcar en polvo, tamizada

30 ml/2 cucharadas de agua tibia

30 ml/2 cucharadas de cacao en polvo (chocolate sin azúcar) Para decoración:

Hojas de acebo y petirrojos (opcional)

Mezcle los huevos y el azúcar en un recipiente resistente al calor colocado sobre una olla con agua. Continúe batiendo hasta que la mezcla esté firme y se desprenda del batidor en tiras. Retirar del fuego y batir hasta que se enfríe. Mezcle la mitad de la harina, luego el chocolate, luego el resto de la harina y luego mezcle el agua. Vierta en un molde para panecillos suizos engrasado y forrado (forma de panecillos de gelatina) y hornee en el horno precalentado a 220°C/425°F/termostato de gas 7 durante aprox. Hornee por 10 minutos hasta que esté firme. Espolvorea una hoja grande de papel vegetal (encerado) con azúcar en polvo. Saca el bizcocho del molde sobre el papel y corta los bordes. Cubrir con otra hoja de papel y enrollar sin apretar desde el borde más corto.

Para preparar el glaseado, mezcle mantequilla o margarina y azúcar en polvo hasta que esté espumoso, luego agregue agua y cacao. Desenrolla el bizcocho frío, retira el papel y extiende la mitad del glaseado sobre el bizcocho. Enróllelo nuevamente, luego cuélelo con el glaseado restante, marcándolo con un tenedor para que quede como un tronco. Espolvoreamos un poco de azúcar glass por encima y decoramos al gusto.

Pastel De Gorro De Pascua

Hace un pastel de 20 cm/8

75 g/3 oz/1/3 taza de azúcar mascabado

3 huevos

75 g/3 oz/¾ taza de harina con levadura

15 ml/1 cucharada de cacao en polvo (chocolate sin azúcar).

15 ml/1 cucharada de agua tibia

Para el llenado:

50 g/2 oz/¼ taza de mantequilla o margarina, ablandada

75 g/3 oz/½ taza de azúcar en polvo (repostería), tamizada

Para la cobertura:

100 g/4 oz/1 taza de chocolate natural (semidulce)

25 g/1 oz/2 cucharadas de mantequilla o margarina

Cinta o flor de azúcar (opcional)

Mezclar el azúcar y los huevos en un recipiente resistente al calor colocado sobre una taza de agua. Continúe batiendo hasta que la mezcla esté espesa y cremosa. Deja reposar unos minutos, luego retira del fuego y revuelve nuevamente hasta que deje un rastro después de retirar el batidor. Agrega la harina y el cacao, luego el agua. Vierta la mezcla en un molde para pasteles (molde) de 20 cm/8 engrasado y forrado o en un molde para pasteles de 15 cm/6 enmantecado y forrado. Hornear en horno precalentado a 200°C durante 15-20 minutos, hasta que esté bien leudado y firme al tacto. Dejar enfriar sobre una rejilla.

Para el relleno, mezcle la margarina y el azúcar glass hasta que esté espumoso. Úselo para intercalar el pastel más pequeño encima del más grande.

Para la cobertura, derrita el chocolate y la mantequilla o margarina en una olla resistente al calor colocada sobre un pie de agua. Coloca la cobertura sobre el bizcocho y extiéndela con un cuchillo mojado en agua caliente para que quede completamente cubierto. Decora el borde con cinta o flores de azúcar.

Pastel Simnel de Pascua

Hace un pastel de 20 cm/8

225 g/8 oz/1 taza de mantequilla o margarina, ablandada

225 g/8 oz/1 taza de azúcar moreno suave

Ralladura de 1 limón

4 huevos batidos

225 g/8 oz/2 tazas de harina común (para todo uso)

5 ml/1 cucharadita de levadura en polvo

2,5 ml/½ cucharadita de nuez moscada rallada

50 g/2 oz/½ taza de harina de maíz (maicena)

100 g/4 oz/2/3 taza de pasas (pasas doradas)

100 g/4 oz/2/3 taza de pasas

75 g/3 oz/½ taza de grosellas

100 g/4 oz/½ taza de cerezas glaseadas (confitadas), picadas

25 g/1 oz/¼ taza de almendras molidas

450 g/1 libra de pasta de almendras

30 ml/2 cucharadas de mermelada de albaricoque (enlatada)

1 clara de huevo batida

Mezcle la mantequilla o margarina, el azúcar y la ralladura de limón hasta que esté suave y esponjosa. Incorpora poco a poco los huevos y luego agrega la harina, el polvo para hornear, la nuez moscada y la harina de maíz. Agrega la fruta y las almendras. Vierta la mitad de la mezcla en un molde para pastel engrasado y de 20 cm/8 de profundidad. Extienda la mitad de la masa de almendras formando un círculo del tamaño del bizcocho y colóquelo encima de la mezcla. Rellénelo con la mezcla restante y hornee en el horno precalentado a 160°C/325°F/termostato 3 durante 2-2½ horas hasta que se dore. Dejar enfriar en la sartén. Cuando se haya enfriado, sácalo y envuélvelo en papel vegetal (encerado). Guárdelo en un recipiente hermético hasta por tres semanas para que madure.

Para terminar el bizcocho, unta la parte superior con mermelada. Extienda las tres cuartas partes de la pasta de almendras restante formando un círculo de 20 cm, alise los bordes y colóquela encima del bizcocho. Con la pasta de almendras restante enrollamos 11 bolas (como símbolo de los discípulos sin Judas). Pincele la parte superior del bizcocho con clara de huevo batida y coloque las bolas en el borde del bizcocho, luego unte con clara de huevo. Colóquelo debajo de una parrilla caliente (asador) durante un minuto para que se dore ligeramente.

Pastel de duodécima noche

Hace un pastel de 20 cm/8

225 g/8 oz/1 taza de mantequilla o margarina, ablandada

225 g/8 oz/1 taza de azúcar moreno suave

4 huevos batidos

225 g/8 oz/2 tazas de harina común (para todo uso)

5 ml/1 cucharadita de especias molidas mixtas (tarta de manzana)

175 g/6 oz/1 taza de pasas (pasas doradas)

100 g/4 oz/2/3 taza de pasas

75 g/3 oz/½ taza de grosellas

50 g/2 oz/¼ taza de cerezas glaseadas (confitadas)

50 g/2 oz/1/3 taza de cáscara mixta (confitada) picada

30 ml/2 cucharadas de leche

12 velas para decorar

Mezcle la mantequilla o margarina y el azúcar hasta que esté suave y esponjosa. Incorpora poco a poco los huevos, luego añade la harina, las especias mezcladas, la fruta y la piel y mezcla bien, añadiendo un poco de leche si es necesario para obtener una mezcla suave. Vierta en un molde para pastel (molde) de 20 cm/8 engrasado y forrado y hornee en un horno precalentado a 180 °C/350 °F/termostato 4 durante 2 horas, hasta que al insertar una brocheta en el centro, éste salga limpio. Abandonar

Tarta de manzana al microondas

Hace un cuadrado de 23 cm/9

100 g/4 oz/½ taza de mantequilla o margarina, ablandada

100 g/4 oz/½ taza de azúcar moreno suave

30 ml/2 cucharadas de almíbar dorado (maíz claro)

2 huevos, ligeramente batidos

225 g/8 oz/2 tazas de harina con levadura

10 ml/2 cucharaditas de especias molidas mixtas (tarta de manzana)

120 ml/4 fl oz/½ taza de leche

2 manzanas hervidas (ácidas), peladas, sin corazón y en rodajas finas

15 ml/1 cucharada de azúcar glass (súper fina).

5 ml/1 cucharadita de canela molida

Mezcle la mantequilla o margarina, el azúcar moreno y el almíbar hasta que esté suave y esponjoso. Incorpora los huevos poco a poco. Agrega la harina y la mezcla de especias, luego mezcla con la leche hasta obtener una consistencia suave. Agrega la manzana. Vierta en una fuente para microondas de 23 cm/9 engrasada y forrada y hornee a temperatura media durante 12 minutos, hasta que esté firme. Déjalo reposar durante 5 minutos, luego dale la vuelta y espolvoréalo con azúcar glass y canela.

Pastel de puré de manzana al microondas

Hace un pastel de 20 cm/8

100 g/4 oz/½ taza de mantequilla o margarina, ablandada

175 g/6 oz/¾ taza de azúcar moreno suave

1 huevo, ligeramente batido

175 g/6 oz/1½ tazas de harina común (para todo uso)

2,5 ml/½ cucharadita de levadura en polvo

Una pizca de sal

2,5 ml/½ cucharadita de pimienta de Jamaica molida

1,5 ml/¼ cucharadita de nuez moscada rallada

1,5 ml/¼ cucharadita de clavo molido

300 ml/½ pt/1¼ taza de puré de manzana (salsa) sin azúcar

75 g/3 oz/½ taza de pasas

Azúcar (de repostería) para espolvorear

Mezclar la mantequilla o margarina y el azúcar moreno hasta que esté espumoso. Incorpora poco a poco el huevo, luego agrega la harina, el polvo para hornear, la sal y las especias, alternando con el puré de manzana y las pasas. Vierta en una fuente cuadrada de 20 cm/8 para microondas engrasada y enharinada y hornee a temperatura alta durante 12 minutos. Dejar enfriar en el recipiente, luego cortar en cuadritos y espolvorear con azúcar glass.

Tarta de manzana y nueces al microondas

Hace un pastel de 20 cm/8

175 g/6 oz/¾ taza de mantequilla o margarina, ablandada

100 g/4 oz/½ taza de azúcar glass (súper fina).

3 huevos, ligeramente batidos

30 ml/2 cucharadas de almíbar dorado (maíz claro)

Piel rallada y zumo de 1 limón.

175 g/6 oz/1½ tazas de harina con levadura

50 g/2 oz/½ taza de nueces picadas

1 manzana para comer (de postre), pelada, sin corazón y picada

100 g/4 oz/2/3 taza de azúcar (glas)

30 ml/2 cucharadas de jugo de limón

15 ml/1 cucharada de agua

Decorar con mitades de nueces.

Mezcle la mantequilla o margarina y el azúcar en polvo hasta que esté espumoso. Agrega poco a poco el huevo, luego el almíbar, la ralladura de limón y el jugo. Incorpora la harina, las nueces picadas y las manzanas. Vierta en una fuente para microondas redonda de 20 cm/8 engrasada y hornee a temperatura alta durante 4 minutos. Retirar del horno y cubrir con papel de aluminio. Déjalo enfriar. Mezcle el azúcar en polvo con jugo de limón y suficiente agua para obtener un glaseado suave (glaseado). Untar sobre el bizcocho y decorar con nueces.

Pastel de zanahoria al microondas

Rinde un pastel de 18 cm/7

100 g/4 oz/½ taza de mantequilla o margarina, ablandada

100 g/4 oz/½ taza de azúcar moreno suave

2 huevos batidos

Piel rallada y zumo de 1 naranja.

2,5 ml/½ cucharadita de canela molida

Una pizca de nuez moscada rallada

100 g/4 oz de zanahorias ralladas

100 g/4 oz/1 taza de harina con levadura

25 g/1 oz/¼ taza de almendras molidas

25 g/1 oz/2 cucharadas de azúcar en polvo (súper fina).

Para la cobertura:

100 g/4 oz/½ taza de queso crema

50 g/2 oz/1/3 taza de azúcar en polvo (azúcar glas), tamizada

30 ml/2 cucharadas de jugo de limón

Mezclar la mantequilla y el azúcar hasta que esté espumoso. Incorpora poco a poco el huevo, luego mezcla el jugo y la piel de naranja, las especias y la zanahoria. Incorpora la harina, las almendras y el azúcar. Vierta en un molde para pasteles de 18 cm/7 engrasado y forrado y cubra con papel de aluminio (film plástico). Hornear en el microondas durante 8 minutos hasta que al insertar una brocheta en el centro salga limpia. Retire el papel de aluminio y déjelo durante 8 minutos antes de desmoldar sobre una rejilla para que termine de enfriarse. Mezcle los ingredientes para la cobertura y luego extiéndalos sobre el pastel enfriado.

Tarta de zanahoria, piña y nueces al microondas

Hace un pastel de 20 cm/8

225 g/8 oz/1 taza de azúcar glass (súper fina).

2 huevos

120 ml/4 fl oz/½ taza de aceite

1,5 ml/¼ cucharadita de sal

5 ml/1 cucharadita de bicarbonato de sodio (bicarbonato de sodio)

100 g/4 oz/1 taza de harina con levadura

5 ml/1 cucharadita de canela molida

175 g/6 oz de zanahorias ralladas

75 g/3 oz/¾ taza de nueces picadas

225 g de piña triturada con su jugo

Para el glaseado (glaseado):

15 g/½ oz/1 cucharada de mantequilla o margarina

50 g/2 oz/¼ taza de queso crema

10 ml/2 cucharaditas de jugo de limón

Azúcar en polvo tamizada (repostería).

Forre un molde circular grande (molde tubular) con papel de horno. Mezclar el azúcar, el huevo y el aceite hasta que esté espumoso. Incorpora suavemente los ingredientes secos hasta que estén bien combinados. Incorpora los demás ingredientes del pastel. Vierta la mezcla en el molde preparado, colóquela sobre una rejilla o un plato volteado y cocine en el microondas a temperatura alta durante 13 minutos o hasta que cuaje. Deje reposar durante 5 minutos, luego colóquelo sobre una rejilla para que se enfríe.

Mientras tanto, prepara el glaseado. Coloque la mantequilla o margarina, el queso crema y el jugo de limón en un tazón y cocine en el microondas a temperatura alta durante 30 a 40 segundos. Mezcle gradualmente suficiente azúcar en polvo para obtener una consistencia espesa y bata hasta que esté espumoso. Cuando el bizcocho se haya enfriado, untarlo sobre el glaseado.

Galletas de salvado especiadas para microondas

Hace 15

75 g/3 oz/¾ taza de cereal integral con salvado

250 ml/8 fl oz/1 taza de leche

175 g/6 oz/1½ tazas de harina común (para todo uso)

75 g/3 oz/1/3 taza de azúcar glass (súper fina).

10 ml/2 cucharaditas de levadura en polvo

10 ml/2 cucharaditas de especias molidas mixtas (tarta de manzana)

Una pizca de sal

60 ml/4 cucharadas de almíbar dorado (maíz claro)

45 ml/3 cucharadas de aceite

1 huevo, ligeramente batido

75 g/3 oz/½ taza de pasas

15 ml/1 cucharada de piel de naranja rallada

Remoja el cereal en la leche durante 10 minutos. Mezclar la harina, el azúcar, la levadura en polvo, las especias y la sal, luego mezclar con los cereales. Agregue el almíbar, el aceite, el huevo, las pasas y la ralladura de naranja. Vierta en cajas de papel (papeles para cupcakes) y cocine en el microondas cinco pasteles a la vez a temperatura alta durante 4 minutos. Repita para las otras galletas.

Cheesecake de plátano y frutas del calvario al microondas

Hace un pastel de 23 cm/9

100 g/4 oz/½ taza de mantequilla o margarina, derretida

175 g/6 oz/1½ tazas de pan de jengibre rallado

250 g/9 oz/generoso 1 taza de queso crema

175 ml/6 fl oz/¾ taza de crema agria (crema agria).

2 huevos, ligeramente batidos

100 g/4 oz/½ taza de azúcar glass (súper fina).

Piel rallada y zumo de 1 limón.

150 ml/¼ pt/2/3 taza de crema para batir

1 plátano, en rodajas

1 maracuyá, picada

Mezcle la mantequilla o margarina y las migas de galleta y presione en el fondo y los lados de una fuente para microondas de 23 cm/9. Microondas durante 1 minuto. Déjalo enfriar.

Mezcle el queso crema y la crema agria hasta que esté espumoso, luego agregue los huevos, el azúcar, el jugo de limón y la ralladura. Vierta sobre la base y extienda uniformemente. Cocine a fuego medio durante 8 minutos. Déjalo enfriar.

Montar la nata hasta obtener una espuma firme y luego extenderla sobre la funda. Unte la parte superior con rodajas de plátano y vierta encima la pulpa de maracuyá.

Tarta de queso con naranja al microondas

Hace un pastel de 20 cm/8

50 g/2 oz/¼ taza de mantequilla o margarina

12 galletas digestivas (galletas Graham), trituradas

100 g/4 oz/½ taza de azúcar glass (súper fina).

225 g/8 oz/1 taza de queso crema

2 huevos

30 ml/2 cucharadas de jugo de naranja concentrado

15 ml/1 cucharada de zumo de limón

150 ml/¼ pt/2/3 taza de crema agria (crema agria).

Una pizca de sal

1 naranja

30 ml/2 cucharadas de mermelada de albaricoque (enlatada)

150 ml/¼ pt/2/3 taza de crema doble (espesa)

Derrita la mantequilla o margarina en el microondas de 20 cm/8 a temperatura alta durante 1 minuto. Agregue las migas de galleta y 25 g/1 oz/2 cucharadas de azúcar y presione en el fondo y los lados de la sartén. Mezclar el queso con el resto del azúcar y los huevos hasta que esté espumoso, luego agregar el jugo de naranja y limón, la crema agria y la sal. Vierta en el estuche (cáscara) y cocine en el microondas a temperatura alta durante 2 minutos. Deje reposar durante 2 minutos, luego cocine en el microondas a temperatura alta durante otros 2 minutos. Deje reposar durante 1 minuto, luego cocine en el microondas a temperatura alta durante 1 minuto. Déjalo enfriar.

Pelar la naranja y retirar las rodajas de la membrana con un cuchillo afilado. Derretir la mermelada y esparcirla encima de la tarta de queso. Batir la nata hasta que esté espumosa, agitarla alrededor del borde de la tarta de queso y luego decorar con las rodajas de naranja.

Tarta de queso con piña al microondas

Hace un pastel de 23 cm/9

100 g/4 oz/½ taza de mantequilla o margarina, derretida

175 g/6 oz/1½ tazas de galletas Graham molidas

250 g/9 oz/generoso 1 taza de queso crema

2 huevos, ligeramente batidos

5 ml/1 cucharadita de piel de limón rallada

30 ml/2 cucharadas de jugo de limón

75 g/3 oz/1/3 taza de azúcar glass (súper fina).

400 g/14 oz/1 lata grande de piña, escurrida y triturada

150 ml/¼ pt/2/3 taza de crema doble (espesa)

Mezcle la mantequilla o margarina y las migas de galleta y presione en el fondo y los lados de una fuente para microondas de 23 cm/9. Microondas durante 1 minuto. Déjalo enfriar.

Mezclar el queso crema, los huevos, la ralladura de limón, el jugo y el azúcar hasta que esté espumoso. Agrega la piña y vierte sobre la base. Cocine en el microondas a temperatura media durante 6 minutos hasta que esté firme. Déjalo enfriar.

Batir la crema hasta obtener una espuma firme y luego apilarla encima de la tarta de queso.

Pan de cerezas y nueces para microondas

Rinde un pan de 900 g.

175 g/6 oz/¾ taza de mantequilla o margarina, ablandada

175 g/6 oz/¾ taza de azúcar moreno suave

3 huevos batidos

225 g/8 oz/2 tazas de harina común (para todo uso)

10 ml/2 cucharaditas de levadura en polvo

Una pizca de sal

45 ml/3 cucharadas de leche

75 g/3 oz/1/3 taza de cerezas glaseadas (confitadas)

75 g/3 oz/¾ taza de nueces mixtas picadas

25 g/1 oz/3 cucharadas de azúcar en polvo (de repostería) tamizada

Mezclar la mantequilla o margarina y el azúcar moreno hasta que esté espumoso. Incorpora poco a poco los huevos y luego agrega la harina, el polvo para hornear y la sal. Agrega suficiente leche para obtener una consistencia suave, luego agrega las cerezas y las nueces. Vierta en un recipiente apto para microondas de 900 g untado con mantequilla y forrado y espolvoree con azúcar. Microondas durante 7 minutos. Deje reposar durante 5 minutos, luego colóquelo sobre una rejilla para que termine de enfriarse.

Tarta de chocolate al microondas

Rinde un pastel de 18 cm/7

225 g/8 oz/1 taza de mantequilla o margarina, ablandada

175 g/6 oz/¾ taza de azúcar glass (súper fina).

150 g/5 oz/1¼ tazas de harina con levadura

50 g/2 oz/¼ taza de cacao en polvo (chocolate sin azúcar).

5 ml/1 cucharadita de levadura en polvo

3 huevos batidos

45 ml/3 cucharadas de leche

Mezcle todos los ingredientes y vierta en una fuente para microondas de 18 cm/7 engrasada y forrada. Cocine en el microondas a temperatura alta durante 9 minutos hasta que esté firme al tacto. Dejar enfriar en el molde durante 5 minutos, luego desmoldar sobre una rejilla para que se enfríe por completo.

Tarta de chocolate y almendras al microondas

Hace un pastel de 20 cm/8

Para el pastel:

100 g/4 oz/½ taza de mantequilla o margarina, ablandada

100 g/4 oz/½ taza de azúcar glass (súper fina).

2 huevos, ligeramente batidos

100 g/4 oz/1 taza de harina con levadura

50 g/2 oz/½ taza de cacao en polvo (chocolate sin azúcar).

50 g/2 oz/½ taza de almendras molidas

150 ml/¼ pt/2/3 taza de leche

60 ml/4 cucharadas de almíbar dorado (maíz claro)

Para el glaseado (glaseado):

100 g/4 oz/1 taza de chocolate natural (semidulce)

25 g/1 oz/2 cucharadas de mantequilla o margarina

8 almendras enteras

Para hacer el pastel, mezcle mantequilla o margarina y azúcar hasta que quede suave y esponjoso. Incorpora poco a poco los huevos, luego agrega la harina y el cacao, luego las almendras molidas. Agregue la leche y el almíbar y bata hasta que esté suave y esponjoso. Vierta en una fuente para microondas de 20 cm/8 forrada con papel de aluminio (film plástico) y hornee a temperatura alta durante 4 minutos. Sácalo del horno, cubre la parte superior con papel de aluminio, déjalo enfriar un poco y luego colócalo sobre una rejilla para que se enfríe por completo.

Para hacer el glaseado, derrita el chocolate y la mantequilla o margarina a temperatura alta durante 2 minutos. Me ganó bien. Sumerja las almendras hasta la mitad en el chocolate y luego déjelas endurecer sobre un trozo de papel vegetal (encerado).

Vierta el glaseado restante sobre el pastel y extienda la parte superior y los lados. Decorar con almendras y dejar reposar.

Brownie de chocolate doble para microondas

Hace 8

150 g/5 oz/1¼ tazas de chocolate natural (semidulce), picado en trozos grandes

75 g/3 oz/1/3 taza de mantequilla o margarina

175 g/6 oz/¾ taza de azúcar moreno suave

2 huevos, ligeramente batidos

150 g/5 oz/1¼ tazas de harina común (para todo uso)

2,5 ml/½ cucharadita de levadura en polvo

2,5 ml/½ cucharadita de esencia de vainilla (extracto)

30 ml/2 cucharadas de leche

Derretir 50 g de chocolate con mantequilla o margarina a temperatura alta durante 2 minutos. Mezclar el azúcar y los huevos hasta que quede espumoso, luego mezclar la harina, el polvo para hornear, la esencia de vainilla y la leche hasta que quede suave. Vierta en un plato cuadrado de 20 cm/8 engrasado apto para microondas y hornee a temperatura alta durante 7 minutos. Dejar enfriar en el recipiente durante 10 minutos. Derrita el chocolate restante a temperatura alta durante 1 minuto, luego extiéndalo sobre el pastel y déjelo enfriar. Cortar en cuadrados.

Barras de dátiles y chocolate para microondas

Hace 8

50 g/2 oz/1/3 taza de dátiles sin hueso (sin semillas), picados

60 ml/4 cucharadas de agua hirviendo

65 g/2½ oz/1/3 taza de mantequilla o margarina, ablandada

225 g/8 oz/1 taza de azúcar glass (súper fina).

1 huevo

100 g/4 oz/1 taza de harina común (para todo uso)

10 ml/2 cucharaditas de cacao en polvo (chocolate sin azúcar).

2,5 ml/½ cucharadita de levadura en polvo

Una pizca de sal

25 g/1 oz/¼ taza de nueces mixtas picadas

100 g/4 oz/1 taza de chocolate natural (semidulce), picado

Mezclar los dátiles con el agua hirviendo y dejar enfriar. Mezclar la mantequilla o margarina con la mitad del azúcar hasta que esté espumosa. Agregue poco a poco el huevo, luego mezcle alternativamente la harina, el cacao, el polvo para hornear, la sal y la mezcla de dátiles. Vierta en un plato apto para microondas de 20 cm cuadrados y enharinado y engrasado. Mezclar el azúcar restante con las nueces y el chocolate y espolvorearlo por encima presionando ligeramente hacia abajo. Microondas durante 8 minutos. Dejar enfriar en el molde antes de cortar en cuadritos.

Cuadrados de chocolate para microondas

el tendra 16

Para el pastel:

50 g/2 oz/¼ taza de mantequilla o margarina

5 ml/1 cucharadita de azúcar glass (súper fina).

75 g/3 oz/¾ taza de harina común (para todo uso)

1 yema de huevo

15 ml/1 cucharada de agua

175 g/6 oz/1½ tazas de chocolate natural (semidulce), rallado o picado

Para la cobertura:

50 g de mantequilla o margarina

50 g/2 oz/¼ taza de azúcar glass (súper fina).

1 huevo

2,5 ml/½ cucharadita de esencia de vainilla (extracto)

100 g/4 oz/1 taza de nueces picadas

Para el bizcocho, ablandar la mantequilla o margarina y mezclar con el azúcar, la harina, la yema de huevo y el agua. Extienda la mezcla uniformemente en un plato cuadrado de 20 cm/8 apto para microondas y cocine a temperatura alta durante 2 minutos. Espolvorea con chocolate y cocínalo en el microondas durante 1 minuto. Extiéndela uniformemente sobre la base y deja que endurezca.

Para hacer la cobertura, cocine la mantequilla o la margarina en el microondas a temperatura alta durante 30 segundos. Mezcle los ingredientes restantes de la cobertura y extiéndalos sobre el chocolate. Microondas durante 5 minutos. Dejar enfriar y luego cortar en cubos.

Pastel de café rápido en microondas

Hace un pastel de 19 cm/7 cm

Para el pastel:
225 g/8 oz/1 taza de mantequilla o margarina, ablandada

225 g/8 oz/1 taza de azúcar glass (súper fina).

225 g/8 oz/2 tazas de harina con levadura

5 huevos

45 ml/3 cucharadas de esencia de café (extracto)

Para el glaseado (glaseado):
30 ml/2 cucharadas de esencia de café (extracto)

175 g/6 oz/¾ taza de mantequilla o margarina

Azúcar en polvo tamizada (repostería).

Decorar con mitades de nueces.

Mezcle todos los ingredientes del pastel hasta que estén bien combinados. Divídalo en dos moldes para pasteles de 19 cm/7 aptos para microondas y hornee cada uno a temperatura alta durante 5-6 minutos. Retirar del microondas y dejar enfriar.

Licue los ingredientes del glaseado y endulce con azúcar glass al gusto. Cuando se haya enfriado, intercalar las tartas con la mitad del glaseado y esparcir el resto por encima. Decorar con nueces.

Pastel de Navidad en microondas

Hace un pastel de 23 cm/9

150 g/5 oz/2/3 taza de mantequilla o margarina, ablandada

150 g/5 oz/2/3 taza de azúcar moreno suave

3 huevos

30 ml/2 cucharadas de melaza (melaza)

225 g/8 oz/2 tazas de harina con levadura

10 ml/2 cucharaditas de especias molidas mixtas (tarta de manzana)

2. 5 ml/½ cucharadita de nuez moscada rallada

2,5 ml/½ cucharadita de bicarbonato de sodio (bicarbonato de sodio)

450 g/1 libra/22/3 tazas de frutos secos variados (mezcla para pastel de frutas)

50 g/2 oz/¼ taza de cerezas glaseadas (confitadas)

50 g/2 oz/1/3 taza de conchas mixtas picadas

50 g/2 oz/½ taza de nueces mixtas picadas

30 ml/2 cucharadas de brandy

Brandy adicional para madurar el bizcocho (opcional)

Mezcle la mantequilla o margarina y el azúcar hasta que esté espumoso. Incorpora poco a poco el huevo y la melaza, luego agrega la harina, las especias y el bicarbonato de sodio. Agregue con cuidado la fruta, la cáscara mixta y las nueces, luego agregue el brandy. Vierta en una fuente para horno de microondas de 23 cm/9 y hornee a temperatura baja durante 45-60 minutos. Deje enfriar en el molde durante 15 minutos antes de desmoldar sobre una rejilla para terminar de enfriar.

Una vez enfriado, envuelve el pastel en papel de aluminio y guárdalo en un lugar fresco y oscuro durante 2 semanas. Si lo deseas, perfora la parte superior del pastel varias veces con una brocheta fina y espolvorea con un poco más de brandy, luego vuelve a envolver y guarda el pastel. Puedes hacer esto varias veces para hacer un pastel más rico.

Bizcocho de migas al microondas

Hace un pastel de 20 cm/8

300 g/10 oz/1¼ tazas de azúcar glass (súper fina).

225 g/8 oz/2 tazas de harina común (para todo uso)

10 ml/2 cucharaditas de levadura en polvo

5 ml/1 cucharadita de canela molida

100 g/4 oz/½ taza de mantequilla o margarina, ablandada

2 huevos, ligeramente batidos

100 ml/3½ fl oz/6½ cucharadas de leche

Mezclar el azúcar, la harina, la levadura en polvo y la canela. Agregue la mantequilla o margarina y luego reserve una cuarta parte de la mezcla. Mezcle el huevo y la leche, luego mézclelos con la porción más grande de la mezcla para pastel. Vierta la mezcla en una fuente para microondas de 20 cm/8 engrasada y enharinada y espolvoree con la mezcla de migas reservada. Microondas durante 10 minutos. Dejar enfriar en el recipiente.

Bandas de fecha para microondas

Hace 12

150 g/5 oz/1¼ tazas de harina con levadura (leudante)

175 g/6 oz/¾ taza de azúcar glass (súper fina).

100 g/4 oz/1 taza de coco desecado (rallado)

100 g/4 oz/2/3 taza de dátiles sin hueso (sin hueso), picados

50 g/2 oz/½ taza de nueces mixtas picadas

100 g/4 oz/½ taza de mantequilla o margarina, derretida

1 huevo, ligeramente batido

Azúcar (de repostería) para espolvorear

Mezclar los ingredientes secos. Incorpora la mantequilla o margarina y el huevo y mezcla hasta obtener una masa firme. Presione en el fondo de una fuente cuadrada de 20 cm/8 para microondas y hornee a temperatura media durante 8 minutos hasta que cuaje. Dejar en el molde durante 10 minutos, luego cortar en rodajas y colocar sobre una rejilla para que se enfríe por completo.

Pan de higos al microondas

Rinde una hogaza de 675 g/1½ lb

100 g/4 oz/2 tazas de salvado

50 g/2 oz/¼ taza de azúcar moreno suave

45 ml/3 cucharadas de miel pura

100 g/4 oz/2/3 taza de higos secos, picados

50 g/2 oz/½ taza de avellanas picadas

300 ml/½ pt/1¼ taza de leche

100 g/4 oz/1 taza de harina integral (integral)

10 ml/2 cucharaditas de levadura en polvo

Una pizca de sal

Mezclar todos los ingredientes hasta obtener una masa firme. Dale forma de molde para pan apto para microondas y alisa la superficie. Cocine a fuego alto durante 7 minutos. Dejar enfriar en el molde durante 10 minutos, luego desmoldar sobre una rejilla para que se enfríe por completo.

Compuertas de microondas

serán 24

175 g/6 oz/¾ taza de mantequilla o margarina, ablandada

50 g/2 oz/¼ taza de azúcar glass (súper fina).

50 g/2 oz/¼ taza de azúcar moreno suave

90 ml/6 cucharadas de almíbar dorado (maíz claro)

Una pizca de sal

275 g/10 oz/2½ tazas de copos de avena

Combine la mantequilla o margarina y el azúcar en un tazón grande y cocine a temperatura alta durante 1 minuto. Agrega los demás ingredientes y mezcla bien. Vierta la mezcla en un recipiente para microondas de 18 cm/7 engrasado y presione ligeramente. Cocine a fuego alto durante 5 minutos. Déjalo enfriar un poco y luego córtalo en cubos.

Tarta de frutas al microondas

Rinde un pastel de 18 cm/7

175 g/6 oz/¾ taza de mantequilla o margarina, ablandada

175 g/6 oz/¾ taza de azúcar glass (súper fina).

Ralladura de 1 limón

3 huevos batidos

225 g/8 oz/2 tazas de harina común (para todo uso)

5 ml/1 cucharadita de especias molidas mixtas (tarta de manzana)

225 g/8 oz/11/3 tazas de pasas

225 g/8 oz/11/3 tazas de pasas (pasas doradas)

50 g/2 oz/¼ taza de cerezas glaseadas (confitadas)

50 g/2 oz/½ taza de nueces mixtas picadas

15 ml/1 cucharada de almíbar dorado (maíz claro)

45 ml/3 cucharadas de brandy

Mezcle la mantequilla o margarina y el azúcar hasta que esté espumoso. Agregue la cáscara de limón y luego agregue gradualmente los huevos. Incorpora la harina y la mezcla de especias, luego incorpora los demás ingredientes. Vierta en una fuente para microondas redonda de 18 cm/7 engrasada y forrada y hornee a temperatura baja durante 35 minutos, hasta que al insertar una brocheta en el centro, éste salga limpio. Dejar enfriar en el molde durante 10 minutos, luego desmoldar sobre una rejilla para que se enfríe por completo.

Cuadritos de fruta y coco para microondas

Hace 8

50 g/2 oz/¼ taza de mantequilla o margarina

9 galletas digestivas (galletas Graham), trituradas

50 g/2 oz/½ taza de coco desecado (rallado)

100 g/4 oz/2/3 taza de cáscara mixta (confitada) picada

50 g/2 oz/1/3 taza de dátiles sin hueso (sin semillas), picados

15 ml/1 cucharada de harina común (para todo uso)

25 g/1 oz/2 cucharadas de cerezas glaseadas (confitadas), picadas

100 g/4 oz/1 taza de nueces picadas

150 ml/¼ pt/2/3 taza de leche condensada

Derrita la mantequilla o margarina en un plato cuadrado de 20 cm/8 apto para microondas a temperatura alta durante 40 segundos. Agregue las migas de galleta y distribúyalas uniformemente en el fondo del plato. Espolvorea con el coco y luego con la piel mixta. Mezclar los dátiles con la harina, las cerezas y las nueces, luego espolvorearlos por encima y verter la leche por encima. Microondas durante 8 minutos. Dejar enfriar en el recipiente y luego cortar en cubos.

Pastel De Caramelo Al Microondas

Hace un pastel de 20 cm/8

150 g/5 oz/1¼ tazas de harina común (para todo uso)

5 ml/1 cucharadita de levadura en polvo

Una pizca de bicarbonato de sodio (bicarbonato de sodio)

Una pizca de sal

300 g/10 oz/1¼ tazas de azúcar glass (súper fina).

50 g/2 oz/¼ taza de mantequilla o margarina, ablandada

250 ml/8 fl oz/1 taza de leche

Unas gotas de esencia de vainilla (extracto)

1 huevo

100 g/4 oz/1 taza de chocolate natural (semidulce), picado

50 g de nueces mixtas picadas

Glaseado de mantequilla de chocolate

Mezclar la harina, el polvo para hornear, el bicarbonato y la sal. Agrega el azúcar, luego mezcla la mantequilla o margarina, la leche y la esencia de vainilla hasta que quede suave. Batir el huevo. Hornee tres cuartos del chocolate en el microondas a temperatura alta durante 2 minutos hasta que se derrita, luego agregue la mezcla del pastel hasta que esté cremoso. Agrega las nueces. Vierta la mezcla en dos platos para microondas de 20 cm/8 engrasados y enharinados y hornee cada uno por separado durante 8 minutos. Retirar del horno, cubrir con papel aluminio y dejar enfriar durante 10 minutos, luego retirar sobre una rejilla para que se enfríe por completo. Unta la parte superior del sándwich con la mitad del glaseado de mantequilla (glaseado), luego con el resto del glaseado y decora con el chocolate reservado.

pan de jengibre para microondas

Hace un pastel de 20 cm/8

50 g/2 oz/¼ taza de mantequilla o margarina

75 g/3 oz/¼ taza de melaza (melaza)

15 ml/1 cucharada de azúcar glass (súper fina).

100 g/4 oz/1 taza de harina común (para todo uso)

5 ml/1 cucharadita de jengibre molido

2,5 ml/½ cucharadita de especias molidas mixtas (tarta de manzana)

2,5 ml/½ cucharadita de bicarbonato de sodio (bicarbonato de sodio)

1 huevo batido

Coloque la mantequilla o margarina en un tazón y cocine en el microondas a temperatura alta durante 30 segundos. Agregue la melaza y el azúcar y cocine en el microondas a temperatura alta durante 1 minuto. Incorpora la harina, las especias y el bicarbonato de sodio. Batir el huevo. Vierta la mezcla en un plato engrasado de 1,5 litros/2½ pinta/6 tazas y cocínelo en el microondas a temperatura alta durante 4 minutos. Deje enfriar en el molde durante 5 minutos, luego colóquelo sobre una rejilla para terminar de enfriar.

Rodajas de jengibre para microondas

Hace 12

Para el pastel:
150 g/5 oz/2/3 taza de mantequilla o margarina, ablandada

50 g/2 oz/¼ taza de azúcar glass (súper fina).

100 g/4 oz/1 taza de harina común (para todo uso)

2,5 ml/½ cucharadita de levadura en polvo

5 ml/1 cucharadita de jengibre molido

Para la cobertura:
15 g/½ oz/1 cucharada de mantequilla o margarina

15 ml/1 cucharada de almíbar dorado (maíz claro)

Unas gotas de esencia de vainilla (extracto)

5 ml/1 cucharadita de jengibre molido

50 g/2 oz/1/3 taza de azúcar glass (repostera).

Para hacer el pastel, mezcle mantequilla o margarina y azúcar hasta que quede suave y esponjoso. Incorpora la harina, el polvo para hornear y el jengibre y mezcla hasta obtener una masa suave. Presione en una fuente cuadrada de 20 cm/8 para microondas y hornee a temperatura media durante 6 minutos hasta que cuaje.

Para el aderezo, derrita la mantequilla o margarina y el almíbar. Agrega la esencia de vainilla, el jengibre y el azúcar glass y mezcla hasta que espese. Distribuya uniformemente sobre el pastel tibio. Dejar enfriar en el recipiente y luego cortar en rodajas o cuadritos.

Pastel dorado al microondas

Hace un pastel de 20 cm/8

Para el pastel:
100 g/4 oz/½ taza de mantequilla o margarina, ablandada

100 g/4 oz/½ taza de azúcar glass (súper fina).

2 huevos, ligeramente batidos

Unas gotas de esencia de vainilla (extracto)

225 g/8 oz/2 tazas de harina común (para todo uso)

10 ml/2 cucharaditas de levadura en polvo

Una pizca de sal

60 ml/4 cucharadas de leche

Para el glaseado (glaseado):
50 g/2 oz/¼ taza de mantequilla o margarina, ablandada

100 g/4 oz/2/3 taza de azúcar (glas)

Unas gotas de esencia de vainilla (extracto) (opcional)

Para el bizcocho, mezcle la mantequilla o margarina y el azúcar hasta que esté espumoso. Incorpora poco a poco los huevos y luego agrega la harina, el polvo para hornear y la sal. Agregue suficiente leche para obtener una consistencia suave y goteante. Vierta en dos fuentes para microondas de 20 cm/8 engrasadas y enharinadas y hornee cada pastel por separado a temperatura alta durante 6 minutos. Retirar del horno, cubrir con papel aluminio y dejar enfriar durante 5 minutos, luego retirar sobre una rejilla para que se enfríe por completo.

Para preparar el glaseado, bate la mantequilla o la margarina hasta que esté suave, luego agrega el azúcar glass y la esencia de vainilla al gusto. Coloca los pasteles en un sándwich con la mitad del glaseado y luego esparce el resto encima.

Tarta de miel y avellanas al microondas

Rinde un pastel de 18 cm/7

150 g/5 oz/2/3 taza de mantequilla o margarina, ablandada

100 g/4 oz/½ taza de azúcar moreno suave

45 ml/3 cucharadas de miel pura

3 huevos batidos

225 g/8 oz/2 tazas de harina con levadura

100 g/4 oz/1 taza de avellanas molidas

45 ml/3 cucharadas de leche

glaseado de mantequilla

Mezclar la mantequilla o margarina, el azúcar y la miel hasta que esté espumosa. Incorpora poco a poco los huevos, luego agrega la harina, las avellanas y suficiente leche para obtener una consistencia suave. Vierta en una fuente para microondas de 18 cm/7 y cocine a temperatura media durante 7 minutos. Dejar enfriar en el molde durante 5 minutos, luego desmoldar sobre una rejilla para que se enfríe por completo. Corta el pastel por la mitad horizontalmente y luego unta el glaseado de mantequilla (glaseado) sobre un sándwich.

Barras de muesli masticables para microondas

Hace alrededor de 10

100 g/4 oz/½ taza de mantequilla o margarina

175 g/6 oz/½ taza de miel pura

50 g/2 oz/1/3 taza de orejones listos para comer, picados

50 g/2 oz/1/3 taza de dátiles sin hueso (sin semillas), picados

75 g/3 oz/¾ taza de nueces mixtas picadas

100 g/4 oz/1 taza de copos de avena

100 g/4 oz/½ taza de azúcar moreno suave

1 huevo batido

25 g/1 oz/2 cucharadas de harina con levadura

Coloque la mantequilla o margarina y la miel en un bol y cocine a temperatura alta durante 2 minutos. Mezclar todos los demás ingredientes. Vierta en una bandeja para microondas de 20 cm/8 y hornee a temperatura alta durante 8 minutos. Deje que se enfríe un poco y luego córtelo en cuadritos o rodajas.

Tarta de nueces al microondas

Hace un pastel de 20 cm/8

150 g/5 oz/1¼ tazas de harina común (para todo uso)

Una pizca de sal

5 ml/1 cucharadita de canela molida

75 g/3 oz/1/3 taza de azúcar moreno suave

75 g/3 oz/1/3 taza de azúcar glass (súper fina).

75 ml/5 cucharadas de aceite

25 g/1 oz/¼ taza de nueces picadas

5 ml/1 cucharadita de levadura en polvo

2,5 ml/½ cucharadita de bicarbonato de sodio (bicarbonato de sodio)

1 huevo

150 ml/¼ pt/2/3 taza de leche agria

Mezclar la harina, la sal y la mitad de la canela. Agrega el azúcar y luego mezcla bien el aceite. Saque 90 ml/6 cucharadas de la mezcla y agregue las nueces y el resto de la canela. Agrega el polvo de hornear, el bicarbonato de sodio, el huevo y la leche a la mezcla y mezcla hasta que quede suave. Vierta la mezcla principal en una fuente para microondas de 20 cm/8 untada con mantequilla y enharinada y espolvoree la mezcla de nueces encima. Microondas durante 8 minutos. Dejar enfriar en el recipiente durante 10 minutos y servir caliente.

Pastel de jugo de naranja al microondas

Hace un pastel de 20 cm/8

250 g/9 oz/2¼ tazas de harina común (para todo uso)

225 g/8 oz/1 taza de azúcar granulada

15 ml/1 cucharada de levadura en polvo

2,5 ml/½ cucharadita de sal

60 ml/4 cucharadas de aceite

250 ml/8 fl oz/2 tazas de jugo de naranja

2 huevos, separados

100 g/4 oz/½ taza de azúcar glass (súper fina).

Glaseado de mantequilla de naranja

Glacé de naranja

Mezclar la harina, el azúcar granulada, la levadura, la sal, el aceite y el zumo de media naranja y batir hasta que estén bien combinados. Batir las yemas de los huevos y el resto del zumo de naranja hasta que estén espumosos y suaves. Batir las claras hasta obtener una espuma firme, luego agregar la mitad del azúcar glass y batir hasta obtener una espuma firme. Agregue el azúcar restante y luego agregue las claras. Vierta en dos platos aptos para microondas de 20 cm/8 engrasados y enharinados y hornee cada uno por separado a temperatura alta durante 6-8 minutos. Retirar del horno, cubrir con papel aluminio y dejar enfriar durante 5 minutos, luego retirar sobre una rejilla para que se enfríe por completo. Emparede los pasteles con glaseado de crema de mantequilla de naranja (glaseado) y extienda el glaseado de naranja encima.

Pavlova de microondas

Hace un pastel de 23 cm/9

4 claras de huevo

225 g/8 oz/1 taza de azúcar glass (súper fina).

2,5 ml/½ cucharadita de esencia de vainilla (extracto)

Unas gotas de vinagre de vino

150 ml/¼ pt/2/3 taza de crema para batir

1 kiwi, rebanado

100 g/4 oz de fresas, en rodajas

Batir las claras hasta que se formen picos suaves. Espolvoree la mitad del azúcar y mezcle bien. Agrega poco a poco el resto del azúcar, la esencia de vainilla y el vinagre y revuelve hasta que se disuelva. Coloca la mezcla en un círculo de 23 cm sobre un trozo de papel de horno. Microondas durante 2 minutos. Dejar en el microondas con la puerta abierta durante 10 minutos. Sácalo del horno, retira el papel de soporte y déjalo enfriar. Montar la nata hasta obtener una espuma firme y extenderla sobre el merengue. Coloque la fruta encima de forma atractiva.

pastel de microondas

Hace un pastel de 20 cm/8

225 g/8 oz/2 tazas de harina común (para todo uso)

15 ml/1 cucharada de levadura en polvo

50 g/2 oz/¼ taza de azúcar glass (súper fina).

100 g/4 oz/½ taza de mantequilla o margarina

75 ml/5 cucharadas de nata natural (ligera)

1 huevo

Mezcle la harina, el polvo para hornear y el azúcar, luego agregue la mantequilla o margarina hasta que la mezcla parezca pan rallado. Mezcle la nata y los huevos, luego incorpore la mezcla de harina hasta obtener una masa suave. Presione en una fuente para microondas de 20 cm/8 engrasada y hornee a temperatura alta durante 6 minutos. Dejar reposar 4 minutos, luego desmoldar y terminar de enfriar sobre una rejilla.

Pastel de fresas al microondas

Hace un pastel de 20 cm/8

900 g/2 lb de fresas, en rodajas gruesas

225 g/8 oz/1 taza de azúcar glass (súper fina).

225 g/8 oz/2 tazas de harina común (para todo uso)

15 ml/1 cucharada de levadura en polvo

175 g/6 oz/¾ taza de mantequilla o margarina

75 ml/5 cucharadas de nata natural (ligera)

1 huevo

150 ml/¼ pt/2/3 taza de crema doble (espesa), batida

Mezcla las fresas con 175 g/¾ taza de azúcar y luego refrigera por al menos 1 hora.

Mezcle la harina, el polvo para hornear y el azúcar restante, luego frote con 100 g de mantequilla o margarina hasta que la mezcla parezca pan rallado. Mezcle la nata y los huevos, luego incorpore la mezcla de harina hasta obtener una masa suave. Presione en una fuente para microondas de 20 cm/8 engrasada y hornee a temperatura alta durante 6 minutos. Dejar reposar durante 4 minutos, luego desmoldar y dividir por la mitad mientras aún está caliente. Déjalo enfriar.

Engrase ambas superficies de corte con la mantequilla o margarina restante. Unte un tercio de la nata montada sobre la base y luego cubra con tres cuartos de las fresas. Unte otro tercio de la nata encima y luego coloque el segundo bizcocho encima. Unte encima el resto de la nata y las fresas.

Bizcocho de microondas

Rinde un pastel de 18 cm/7

150 g/5 oz/1¼ tazas de harina con levadura

100 g/4 oz/½ taza de mantequilla o margarina

100 g/4 oz/½ taza de azúcar glass (súper fina).

2 huevos

30 ml/2 cucharadas de leche

Mezclar todos los ingredientes hasta que quede suave. Vierta en una fuente para microondas de 18 cm/7 forrada con una base y hornee a temperatura media durante 6 minutos. Dejar enfriar en el molde durante 5 minutos, luego desmoldar sobre una rejilla para que se enfríe por completo.

Barras de Sultana para microondas

Hace 12

175 g/6 oz/¾ taza de mantequilla o margarina

100 g/4 oz/½ taza de azúcar glass (súper fina).

15 ml/1 cucharada de almíbar dorado (maíz claro)

75 g/3 oz/½ taza de pasas (pasas doradas)

5 ml/1 cucharadita de piel de limón rallada

225 g/8 oz/2 tazas de harina con levadura

Para el glaseado (glaseado):
175 g/6 oz/1 taza de azúcar glass (repostera).

30 ml/2 cucharadas de jugo de limón

Calienta en el microondas la mantequilla o margarina, el azúcar en polvo y el almíbar a temperatura media durante 2 minutos. Agrega las pasas y la ralladura de limón. Incorpora la harina. Vierta en una fuente para microondas cuadrada de 20 cm/8 engrasada y forrada y hornee a temperatura media durante 8 minutos hasta que cuaje. Deja que se enfríe un poco.

Colocar el azúcar glas en un bol y hacer un hueco en el centro. Incorpora poco a poco el jugo de limón para obtener un glaseado suave. Extiéndelo sobre el bizcocho aún caliente y luego déjalo enfriar por completo.

Galletas con chispas de chocolate para microondas

serán 24

225 g/8 oz/1 taza de mantequilla o margarina, ablandada

100 g/4 oz/½ taza de azúcar moreno oscuro

5 ml/1 cucharadita de esencia de vainilla (extracto)

225 g/8 oz/2 tazas de harina con levadura

50 g/2 oz/½ taza de chocolate para beber en polvo

Mezclar la mantequilla, el azúcar y la esencia de vainilla hasta que esté espumoso. Incorpora poco a poco la harina y el chocolate y mezcla hasta obtener una masa suave. Forme bolitas del tamaño de una nuez, coloque seis de cada una en una bandeja para hornear engrasada para microondas (galleta) y aplánelas ligeramente con un tenedor. Calienta cada porción en el microondas a temperatura alta durante 2 minutos hasta que todos los bizcochos estén cocidos. Dejar enfriar sobre una rejilla.

Galletas de coco al microondas

serán 24

50 g/2 oz/¼ taza de mantequilla o margarina, ablandada

75 g/3 oz/1/3 taza de azúcar glass (súper fina).

1 huevo, ligeramente batido

2,5 ml/½ cucharadita de esencia de vainilla (extracto)

75 g/3 oz/¾ taza de harina común (para todo uso)

25 g/1 oz/¼ taza de coco desecado (rallado)

Una pizca de sal

30 ml/2 cucharadas de mermelada de fresa (enlatada)

Mezcle la mantequilla o margarina y el azúcar hasta que esté espumoso. Mezclar el huevo y la esencia de vainilla con la harina, el coco y la sal alternativamente hasta obtener una masa suave. Forme bolas del tamaño de una nuez y coloque seis de cada una en una bandeja para hornear engrasada para microondas (galleta), luego presione ligeramente con un tenedor para aplanar un poco. Cocine en el microondas durante 3 minutos hasta que esté sólido. Colocar sobre una rejilla y colocar una cucharada de mermelada en el centro de cada galleta. Repita con las otras galletas.

Microondas Florencia

Hace 12

50 g/2 oz/¼ taza de mantequilla o margarina

50 g/2 oz/¼ taza de azúcar demerara

15 ml/1 cucharada de almíbar dorado (maíz claro)

50 g/2 oz/¼ taza de cerezas glaseadas (confitadas)

75 g/3 oz/¾ taza de nueces picadas

25 g/1 oz/3 cucharadas de pasas pasas (pasas doradas)

25 g/1 oz/¼ taza de almendras en hojuelas (ralladas)

30 ml/2 cucharadas de piel mixta (confitada) picada

25 g/1 oz/¼ taza de harina común (para todo uso)

100 g/4 oz/1 taza de chocolate natural (semidulce), partido (opcional)

Cocine la mantequilla o margarina, el azúcar y el almíbar a temperatura alta durante 1 minuto hasta que se derrita. Agregue las cerezas, las nueces, las pasas y las almendras, luego agregue la mezcla de cáscara y harina. Coloque cucharaditas de la mezcla bien separadas sobre papel vegetal (encerado) y cocine de cuatro en cuatro a temperatura alta durante 1,5 minutos por tanda. Alise los bordes con un cuchillo, déjelo enfriar sobre el papel durante 3 minutos, luego transfiéralo a una rejilla para terminar de enfriar. Repita con las galletas restantes. Si lo deseas, derrite el chocolate en un bol durante 30 segundos y extiéndelo por un lado de la florencia, luego déjalo reposar.

Galletas de avellanas y cerezas al microondas

serán 24

100 g/4 oz/½ taza de mantequilla o margarina, ablandada

100 g/4 oz/½ taza de azúcar glass (súper fina).

1 huevo batido

175 g/6 oz/1½ tazas de harina común (para todo uso)

50 g/2 oz/½ taza de avellanas molidas

100 g/4 oz/½ taza de cerezas glacé (confitadas)

Mezcle la mantequilla o margarina y el azúcar hasta que esté espumoso. Incorpora poco a poco el huevo y luego agrega la harina, las avellanas y las cerezas. Coloque las cucharas bien separadas en las bandejas para hornear en el microondas y cocine en el microondas ocho galletas saladas a la vez a temperatura alta durante aproximadamente 2 minutos hasta que cuajen.

Galletas Sultana Al Microondas

serán 24

225 g/8 oz/2 tazas de harina común (para todo uso)

5 ml/1 cucharadita de especias molidas mixtas (tarta de manzana)

175 g/6 oz/¾ taza de mantequilla o margarina, ablandada

100 g/4 oz/2/3 taza de pasas (pasas doradas)

175 g/6 oz/¾ taza de azúcar demerara

Mezcle la mezcla de harina y especias, luego agregue la mantequilla o margarina, las pasas y 100 g/4 oz/½ taza de azúcar para hacer una masa suave. Formar dos moldes para salchichas de 18 cm y rebozarlos en el azúcar restante. Córtelas en rodajas y colóquelas de seis en seis en una bandeja para hornear engrasada para microondas (galleta) y cocine en el microondas a temperatura alta durante 2 minutos. Dejar enfriar sobre una rejilla y repetir con el resto de galletas.

Pan de plátano al microondas

Rinde una hogaza de 450 g/1 libra

75 g/3 oz/1/3 taza de mantequilla o margarina, ablandada

175 g/6 oz/¾ taza de azúcar glass (súper fina).

2 huevos, ligeramente batidos

200 g/7 oz/1¾ tazas de harina común (para todo uso)

10 ml/2 cucharaditas de levadura en polvo

2,5 ml/½ cucharadita de bicarbonato de sodio (bicarbonato de sodio)

Una pizca de sal

2 plátanos maduros

15 ml/1 cucharada de zumo de limón

60 ml/4 cucharadas de leche

50 g/2 oz/½ taza de nueces picadas

Mezcle la mantequilla o margarina y el azúcar hasta que esté espumoso. Incorpora poco a poco los huevos y luego agrega la harina, el polvo para hornear, el bicarbonato de sodio y la sal. Tritura el plátano con el jugo de limón, luego mézclalo con la leche y las nueces. Vierta en una fuente para microondas de 450 g untada con mantequilla y enharinada y hornee a temperatura alta durante 12 minutos. Retirar del horno, cubrir con papel aluminio y dejar enfriar durante 10 minutos, luego retirar sobre una rejilla para que se enfríe por completo.

pan de queso al microondas

Rinde una hogaza de 450 g/1 libra

50 g/2 oz/¼ taza de mantequilla o margarina

250 ml/8 fl oz/1 taza de leche

2 huevos, ligeramente batidos

225 g/8 oz/2 tazas de harina común (para todo uso)

10 ml/2 cucharaditas de levadura en polvo

10 ml/2 cucharaditas de mostaza en polvo

2,5 ml/½ cucharadita de sal

175 g/6 oz/1½ tazas de queso cheddar, rallado

Derrita la mantequilla o margarina en un tazón pequeño a temperatura alta durante 1 minuto. Agrega la leche y el huevo. Mezclar la harina, el polvo para hornear, la mostaza, la sal y 100 g/4 oz/1 taza de queso. Agregue la mezcla de leche hasta que esté bien combinada. Vierta en una fuente para horno de microondas (bandeja) y hornee a temperatura alta durante 9 minutos. Espolvorea con el queso restante, cubre con papel de aluminio y deja reposar por 20 minutos.

Pan de nueces para microondas

Rinde una hogaza de 450 g/1 libra

225 g/8 oz/2 tazas de harina común (para todo uso)

300 g/10 oz/1¼ tazas de azúcar glass (súper fina).

5 ml/1 cucharadita de levadura en polvo

Una pizca de sal

100 g/4 oz/½ taza de mantequilla o margarina, ablandada

150 ml/¼ pt/2/3 taza de leche

2,5 ml/½ cucharadita de esencia de vainilla (extracto)

4 claras de huevo

50 g/2 oz/½ taza de nueces picadas

Mezclar la harina, el azúcar, la levadura y la sal. Agrega la
mantequilla o margarina, luego la leche y la esencia de vainilla.
Batir la clara de huevo hasta que esté cremosa y luego agregar las
nueces. Vierta en una fuente para microondas de 450 g untada con
mantequilla y enharinada y hornee a temperatura alta durante 12
minutos. Retirar del horno, cubrir con papel aluminio y dejar
enfriar durante 10 minutos, luego retirar sobre una rejilla para
que se enfríe por completo.

Pastel Amaretti sin hornear

Hace un pastel de 20 cm/8

100 g/4 oz/½ taza de mantequilla o margarina

175 g/6 oz/1½ tazas de chocolate natural (semidulce)

75 g/3 oz de galletas Amaretti (galletas), trituradas en trozos grandes

175 g/6 oz/1½ tazas de nueces picadas

50 g/2 oz/½ taza de piñones

75 g/3 oz/1/3 taza de cerezas glaseadas (confitadas), picadas

30ml/2 cucharadas de Grand Marnier

225 g/8 oz/1 taza de queso mascarpone

Derrita la mantequilla o la margarina y el chocolate en un recipiente resistente al calor colocado sobre agua ligeramente hirviendo. Retire del fuego y agregue las galletas, las nueces y las cerezas. Vierta en un molde para sándwich (pan) forrado con papel de aluminio (papel de plástico) y presione con cuidado. Enfríe durante 1 hora hasta que cuaje. Colocar en un plato y quitar el papel de aluminio. Incorpora el Grand Marnier al Mascarpone y colócalo sobre la base.

Chips de arroz crujientes americanos

Rinde alrededor de 24 barras

50 g/2 oz/¼ taza de mantequilla o margarina

225 g/8 oz de malvaviscos blancos

5 ml/1 cucharadita de esencia de vainilla (extracto)

150 g/5 oz/5 tazas de hojuelas de arroz inflado

Derrita la mantequilla o margarina en una cacerola grande a fuego lento. Agregue los malvaviscos y cocine, revolviendo constantemente, hasta que los malvaviscos se derritan y la mezcla esté almibarada. Retirar del fuego y agregar la esencia de vainilla. Agregue el arroz hasta que esté uniformemente cubierto. Presione hasta obtener un molde cuadrado de 23 cm/9 y córtelo en rodajas. Déjalo reposar.

cuadrados de albaricoque

Hace 12

50 g/2 oz/¼ taza de mantequilla o margarina

175 g/6 oz/1 lata pequeña de leche al vapor

15 ml/1 cucharada de miel pura

45 ml/3 cucharadas de zumo de manzana

50 g/2 oz/¼ taza de azúcar moreno suave

50 g/2 oz/1/3 taza de pasas (pasas doradas)

225 g/8 oz/11/3 tazas de orejones listos para comer, picados

100 g/4 oz/1 taza de coco desecado (rallado)

225 g/8 oz/2 tazas de copos de avena

Derretir mantequilla o margarina con leche, miel, jugo de manzana y azúcar. Incorpora los demás ingredientes. Presione en una fuente para horno (bandeja) engrasada de 25 cm/12 y enfríe antes de cortar en cuadritos.

Pastel de melocotón suizo

Hace un pastel de 23 cm/9

400 g/14 oz/1 lata grande de albaricoques, escurridos y con el jugo reservado

50 g/2 oz/½ taza de natilla en polvo

75 g/3 oz/¼ taza de gelatina de albaricoque (lata transparente)

75 g/3 oz/½ taza de orejones listos para comer, picados

400 g/14 oz/1 lata grande de leche condensada

225 g/8 oz/1 taza de requesón

45 ml/3 cucharadas de jugo de limón

1 panecillo suizo, rebanado

Complete el jugo de albaricoque con agua para obtener 500 ml/17 fl oz/2¼ tazas. Mezclar el pudín en polvo con un poco de líquido hasta formar una pasta, luego hervir el resto. Agregue la pasta de pudín y la gelatina de albaricoque y cocine a fuego lento hasta que esté espeso y brillante, revolviendo constantemente. Triturar las confituras de albaricoque y añadir a la mezcla con los orejones. Dejar enfriar, revolviendo de vez en cuando.

Mezcle bien la leche condensada, el requesón y el jugo de limón, luego mézclelos con la mezcla de gelatina. Forre un molde para pasteles de 23 cm/9 con papel de aluminio (envoltorio plástico) y coloque las rodajas de panecillo suizo (gelatina) en el fondo y los lados del molde. Vierta la mezcla del pastel y refrigere hasta que cuaje. Voltear con cuidado al servir.

Tortas de galletas rotas

Hace 12

100 g/4 oz/½ taza de mantequilla o margarina

30 ml/2 cucharadas de azúcar glass (súper fina).

15 ml/1 cucharada de almíbar dorado (maíz claro)

30 ml/2 cucharadas de cacao en polvo (chocolate sin azúcar).

225 g de migas de galleta (pastel) rotas

50 g/2 oz/1/3 taza de pasas (pasas doradas)

Derretir la mantequilla o margarina con el azúcar y el almíbar sin que hierva la mezcla. Agrega el cacao, las galletas y las pasas. Presione en una bandeja para hornear engrasada de 25 cm/10, déjela enfriar y luego refrigere hasta que esté firme. Cortar en cuadrados.

Pastel de suero de leche sin hornear

Hace un pastel de 23 cm/9

30 ml/2 cucharadas de pudín en polvo

100 g/4 oz/½ taza de azúcar glass (súper fina).

450 ml/¾ pt/2 tazas de leche

175 ml/6 fl oz/¾ taza de suero de leche

25 g/1 oz/2 cucharadas de mantequilla o margarina

400 g de galletas simples (pastel), trituradas

120 ml/4 fl oz/½ taza de crema para batir

Mezclar el pudín en polvo y el azúcar con un poco de leche hasta que quede espumoso. Hervir la leche restante. Mézclalo con la mezcla, luego regresa toda la mezcla a la sartén y revuelve a fuego lento durante unos 5 minutos hasta que espese. Mezclar el suero de leche y la mantequilla o margarina. Vierta las galletas trituradas y la mezcla de natillas en un molde para pasteles de 23 cm/9 forrado con papel de aluminio (lámina de plástico) o en un bol de vidrio. Presione suavemente y refrigere hasta que esté firme. Batir la nata hasta obtener una espuma firme y luego colocar rosetas de nata encima del pastel. Sirva desde el plato o levántelo con cuidado para servir.

rodaja de castaña

Rinde un pan de 900 g.

225 g/8 oz/2 tazas de chocolate natural (semidulce)

100 g/4 oz/½ taza de mantequilla o margarina, ablandada

100 g/4 oz/½ taza de azúcar glass (súper fina).

450 g/1 lb/1 caja grande de puré de castañas sin azúcar

25 g/1 oz/¼ taza de harina de arroz

Unas gotas de esencia de vainilla (extracto)

150 ml/¼ pt/2/3 taza de crema para batir, batida

Chocolate rallado para decorar

Derrita el chocolate suave en un recipiente resistente al calor en una cacerola sobre agua ligeramente hirviendo. Mezcle la mantequilla o margarina y el azúcar hasta que esté espumoso. Agrega el puré de castañas, el chocolate, la harina de arroz y la esencia de vainilla. Colocar en un molde para pan (molde) de 900 g engrasado y forrado y dejar enfriar hasta que esté firme. Antes de servir decorar con nata montada y chocolate rallado.

Bizcocho de castañas

Rinde un pastel de 900 g.

Para el pastel:

400 g/14 oz/1 caja grande de puré de castañas azucarado

100 g/4 oz/½ taza de mantequilla o margarina, ablandada

1 huevo

Unas gotas de esencia de vainilla (extracto)

30 ml/2 cucharadas de brandy

24 bizcochos (tartas)

Para el glaseado:

30 ml/2 cucharadas de cacao en polvo (chocolate sin azúcar).

15 ml/1 cucharada de azúcar glass (súper fina).

30 ml/2 cucharadas de agua

Para la crema de mantequilla:

100 g/4 oz/½ taza de mantequilla o margarina, ablandada

100 g/4 oz/2/3 taza de azúcar en polvo (repostería), tamizada

15 ml/1 cucharada de esencia de café (extracto)

Para el bizcocho, mezcla el puré de castañas, la mantequilla o margarina, el huevo, la esencia de vainilla y 15 ml/1 cucharada de brandy y bate hasta que quede suave. Engrase y forre un molde para pan de 900 g y cubra el fondo y los lados con dedos de bizcocho. Espolvorea las galletas con el brandy restante y vierte la mezcla de castañas en el medio. Déjalo enfriar con fuerza.

Sacar del molde y quitar el papel de revestimiento. Disuelva los ingredientes del glaseado en un recipiente resistente al calor colocado sobre una olla con agua y mezcle hasta que quede suave. Déjelo enfriar un poco y luego extienda la mayor parte del glaseado sobre el pastel. Mezcle los ingredientes de la crema de mantequilla hasta que quede suave y luego gírelos alrededor del borde del pastel. Para terminar, rocíe con el glaseado reservado.

Rodajas de chocolate y almendras

Hace 12

175 g/6 oz/1½ tazas de chocolate natural (semidulce), picado

3 huevos, separados

120 ml/4 fl oz/½ taza de leche

10 ml/2 cucharadita de porcelana

120 ml/4 fl oz/½ taza de crema doble (espesa)

45 ml/3 cucharadas de azúcar glass (súper fina).

60 ml/4 cucharadas de almendras laminadas, tostadas

Derrita el chocolate en un recipiente resistente al calor colocado sobre agua ligeramente hirviendo. Retirar del fuego y batir la yema de huevo. Hervir la leche en una cacerola aparte y luego agregar la gelatina. Mézclalo con la mezcla de chocolate y luego agrega la crema. Batir las claras hasta obtener una espuma firme, luego agregar el azúcar y volver a batir hasta obtener una espuma firme. Incorpora la mezcla. Vierta en un molde para pan (molde) de 450 g/1 libra engrasado y forrado, espolvoree con almendras tostadas, déjelo enfriar y luego refrigere durante al menos 3 horas hasta que esté firme. Dar la vuelta y servir cortado en rodajas gruesas.

Pastel crujiente de chocolate

Rinde una hogaza de 450 g/1 libra

150 g/5 oz/2/3 taza de mantequilla o margarina
30 ml/2 cucharadas de almíbar dorado (maíz claro)

175 g/6 oz/1½ tazas de galletas Graham molidas

50 g/2 oz/2 tazas de hojuelas de arroz inflado

25 g/1 oz/3 cucharadas de pasas pasas (pasas doradas)

25 g/1 oz/2 cucharadas de cerezas glaseadas (confitadas), picadas

225 g/8 oz/2 tazas de chispas de chocolate

30 ml/2 cucharadas de agua

175 g/6 oz/1 taza de azúcar en polvo (repostería), tamizada

Derretir 100 g de mantequilla o margarina con el almíbar, retirar del fuego y añadir las migas de galleta, los cereales, las pasas, las cerezas y las tres cuartas partes de las chispas de chocolate. Vierta en un molde para pan de 450 g/1 libra engrasado y forrado y alise la parte superior. Déjalo enfriar con fuerza. Derrita la mantequilla o margarina restante con el chocolate restante y el agua. Agrega el azúcar en polvo y mezcla hasta que quede suave. Saca el bizcocho del molde y córtalo por la mitad a lo largo. Coloque el sándwich con la mitad del glaseado de chocolate (glaseado) en un plato para servir, luego vierta el resto del glaseado sobre él. Dejar enfriar antes de servir.

Cuadritos de miga de chocolate

Hace alrededor de 24

225 g/8 oz de galletas digestivas (galletas Graham)

100 g/4 oz/½ taza de mantequilla o margarina

25 g/1 oz/2 cucharadas de azúcar en polvo (súper fina).

15 ml/1 cucharada de almíbar dorado (maíz claro)

45 ml/3 cucharadas de cacao en polvo (chocolate sin azúcar).

200 g/7 oz/1¾ taza de cobertura para pastel de chocolate

Pon las galletas en una bolsa de plástico y tritúralas con un rodillo. Derrita la mantequilla o la margarina en una sartén, luego agregue el azúcar y el almíbar. Retirar del fuego y agregar las migas de galleta y el cacao. Alise en un molde para pasteles cuadrados de 18 cm/7 untado con mantequilla y forrado y presiónelo uniformemente. Deje enfriar, luego refrigere hasta que cuaje.

Derrita el chocolate en un recipiente resistente al calor colocado sobre agua ligeramente hirviendo. Extiéndela sobre la galleta, marca líneas con un tenedor mientras se congela. Si está duro, córtelo en cuadritos.

Pastel helado de chocolate

Rinde un pastel de 450 g/1 libra

100 g/4 oz/½ taza de azúcar moreno suave

100 g/4 oz/½ taza de mantequilla o margarina

50 g/2 oz/½ taza de chocolate para beber en polvo

25 g/1 oz/¼ taza de cacao en polvo (chocolate sin azúcar).

30 ml/2 cucharadas de almíbar dorado (maíz claro)

150 g/5 oz de galletas digestivas (galletas Graham) o ricas galletas de té

50 g de cerezas glaseadas (confitadas) o una mezcla de nueces y pasas

100 g/4 oz/1 taza de chocolate con leche

Colocar en una sartén el azúcar, la mantequilla o margarina, el chocolate para beber, el cacao y el almíbar y calentar suavemente hasta que la mantequilla se derrita, revolviendo bien. Retirar del fuego y desmenuzar las galletas. Agregue las cerezas o nueces y las pasas y vierta en un molde para pan (molde) de 450 g/1 libra. Dejar enfriar en el frigorífico.

Derretir el chocolate en un recipiente resistente al calor sobre agua ligeramente hirviendo. Extenderlo sobre el bizcocho enfriado, cuando se haya solidificado cortarlo en rodajas.

Tarta de chocolate y frutas

Rinde un pastel de 18 cm/7

100 g/4 oz/½ taza de mantequilla o margarina, derretida

100 g/4 oz/½ taza de azúcar moreno suave

225 g/8 oz/2 tazas de migajas de galletas Graham digestivas

50 g/2 oz/1/3 taza de pasas (pasas doradas)

45 ml/3 cucharadas de cacao en polvo (chocolate sin azúcar).

1 huevo batido

Unas gotas de esencia de vainilla (extracto)

Mezclar la mantequilla o margarina y el azúcar, luego mezclar bien con los demás ingredientes. Vierta en un molde para sándwich de 18 cm/7 untado con mantequilla y alise la superficie. Deje enfriar hasta que esté firme.

Cuadritos de chocolate y jengibre

serán 24

100 g/4 oz/½ taza de mantequilla o margarina

100 g/4 oz/½ taza de azúcar moreno suave

30 ml/2 cucharadas de cacao en polvo (chocolate sin azúcar).

1 huevo, ligeramente batido

225 g de migas de galleta (pastel) de jengibre

15 ml/1 cucharada de jengibre cristalizado (confitado) picado

Derrita la mantequilla o la margarina, luego agregue el azúcar y el cacao hasta que estén bien combinados. Incorpora el huevo, las migas de galleta y el jengibre. Presione en un molde para panecillos suizos (rollo de gelatina) y refrigere hasta que esté firme. Cortar en cuadrados.

Cuadrados de chocolate y jengibre de lujo

serán 24

100 g/4 oz/½ taza de mantequilla o margarina

100 g/4 oz/½ taza de azúcar moreno suave

30 ml/2 cucharadas de cacao en polvo (chocolate sin azúcar).

1 huevo, ligeramente batido

225 g de migas de galleta (pastel) de jengibre

15 ml/1 cucharada de jengibre cristalizado (confitado) picado

100 g/4 oz/1 taza de chocolate natural (semidulce)

Derrita la mantequilla o la margarina, luego agregue el azúcar y el cacao hasta que estén bien combinados. Incorpora el huevo, las migas de galleta y el jengibre. Presione en un molde para panecillos suizos (rollo de gelatina) y refrigere hasta que esté firme.

Derrita el chocolate en un recipiente resistente al calor colocado sobre agua ligeramente hirviendo. Extiéndela sobre el bizcocho y déjala reposar. Cortar en cuadritos cuando el chocolate esté casi duro.

Galletas con chispas de chocolate y miel

Hace 12

225 g/8 oz/1 taza de mantequilla o margarina

30 ml/2 cucharadas de miel pura

90 ml/6 cucharadas de algarroba o cacao en polvo (chocolate sin azúcar).

225 g/8 oz/2 tazas de migas de galleta dulce (pastel)

Derrita la mantequilla o margarina, la miel y la algarroba o el cacao en polvo en una sartén hasta que estén bien combinados. Incorpora las migas de galleta. Vierta en un molde para pastel cuadrado de 20 cm/8 engrasado, déjelo enfriar y luego córtelo en cuadritos.

Torta de chocolate en capas

Rinde un pastel de 450 g/1 libra

300 ml/½ pt/1¼ taza de crema doble (espesa)

225 g/8 oz/2 tazas de chocolate natural (semidulce), partido

5 ml/1 cucharadita de esencia de vainilla (extracto)

20 galletas simples (pasteles)

Calentar la nata en una sartén a fuego lento hasta que casi hierva. Retirar del fuego, agregar el chocolate, mezclar, tapar y dejar reposar 5 minutos. Agregue la esencia de vainilla y mezcle hasta que esté bien combinado, luego refrigere hasta que la mezcla comience a espesarse.

Forre un molde para pan (molde) de 450 g con papel de aluminio (envoltorio plástico). Extiende una capa de chocolate en el fondo y luego coloca unas cuantas galletas saladas en una sola capa encima. Continúe colocando capas de chocolate y galletas hasta que se acaben. Terminar con una capa de chocolate. Cubra con papel aluminio y refrigere por al menos 3 horas. Dale la vuelta al bizcocho y retira el papel de aluminio.

Deliciosas barras de chocolate

Hace 12

100 g/4 oz/½ taza de mantequilla o margarina

30 ml/2 cucharadas de almíbar dorado (maíz claro)

30 ml/2 cucharadas de cacao en polvo (chocolate sin azúcar).

225 g/8 oz/1 paquete de galletas (cookies) finas o simples, trituradas en trozos grandes

100 g/4 oz/1 taza de chocolate natural (semidulce), cortado en cubitos

Derretir la mantequilla o margarina y el almíbar, luego retirar del fuego y agregar el cacao y las galletas trituradas. Extienda la mezcla en un molde para pasteles cuadrado de 23 cm/9 y alise la superficie. Derretir el chocolate en un recipiente resistente al calor sobre agua ligeramente hirviendo y esparcirlo por encima. Deje que se enfríe un poco, luego córtelo en cubos o cuadrados y refrigere hasta que esté firme.

Cuadritos de praliné de chocolate

Hace 12

100 g/4 oz/½ taza de mantequilla o margarina

30 ml/2 cucharadas de azúcar glass (súper fina).

15 ml/1 cucharada de almíbar dorado (maíz claro)

15 ml/1 cucharada de chocolate para beber en polvo

225 g/8 oz de galletas digestivas (galletas Graham), trituradas

200 g/7 oz/1¾ taza de chocolate natural (semidulce)

100 g/4 oz/1 taza de nueces mixtas picadas

Derretir en una cacerola la mantequilla o margarina, el azúcar, el almíbar y el chocolate para beber. Llevar a ebullición y luego cocinar a fuego lento durante 40 segundos. Retire del fuego y agregue las galletas y las nueces. Presione en un molde para pasteles engrasado de 28 x 18 cm/11 x 7. Derretir el chocolate en un recipiente resistente al calor sobre agua ligeramente hirviendo. Distribuir sobre las galletas y dejar enfriar, luego refrigerar por 2 horas antes de cortar en cuadritos.

Crujiente de coco

Hace 12

100 g/4 oz/1 taza de chocolate natural (semidulce)

30 ml/2 cucharadas de leche

30 ml/2 cucharadas de almíbar dorado (maíz claro)

100 g/4 oz/4 tazas de hojuelas de arroz inflado

50 g/2 oz/½ taza de coco desecado (rallado)

Derretir el chocolate, la leche y el almíbar en una cacerola. Retire del fuego y agregue el cereal y el coco. Vierta en hojas de papel para pastel (papeles para cupcakes) y déjelo reposar.

Barras crujientes

Hace 12

175 g/6 oz/¾ taza de mantequilla o margarina

50 g/2 oz/¼ taza de azúcar moreno suave

30 ml/2 cucharadas de almíbar dorado (maíz claro)

45 ml/3 cucharadas de cacao en polvo (chocolate sin azúcar).

75 g de pasas o sultanas (pasas doradas)

350 g/12 oz/3 tazas de cereal crujiente de avena

225 g/8 oz/2 tazas de chocolate natural (semidulce)

Derretir la mantequilla o margarina con el azúcar, el almíbar y el cacao. Agregue las pasas o pasas y el cereal. Presione la mezcla en una fuente para horno engrasada de 25 cm/12 (molde). Derretir el chocolate en un recipiente resistente al calor sobre agua ligeramente hirviendo. Extender sobre las barras y dejar enfriar, luego enfriar antes de cortar en rodajas.

Crujiente de coco y pasas

Hace 12

100 g/4 oz/1 taza de chocolate blanco

30 ml/2 cucharadas de leche

30 ml/2 cucharadas de almíbar dorado (maíz claro)

175 g/6 oz/6 tazas de copos de arroz inflado

50 g/2 oz/1/3 taza de pasas

Derretir el chocolate, la leche y el almíbar en una cacerola. Retire del fuego y agregue el cereal y las pasas. Vierta en hojas de papel para pastel (papeles para cupcakes) y déjelo reposar.

Cuadritos de café con leche

hace 20

25 g / 1 oz / 2 cucharadas de gelatina en polvo

75 ml/5 cucharadas de agua fría

225 g de migajas de galleta (pastel)

50 g/2 oz/¼ taza de mantequilla o margarina, derretida

400 g/14 oz/1 lata grande de leche al vapor

150 g/5 oz/2/3 taza de azúcar glass (súper fina).

400 ml/14 fl oz/1¾ taza de café negro fuerte, helado

Crema batida y rodajas de naranja cristalinas (confitadas) para decoración

Espolvoreamos la gelatina sobre el agua en un bol y dejamos que quede esponjosa. Coloca el bol en una cacerola con agua hirviendo y déjalo hasta que se disuelva. Deja que se enfríe un poco. Mezcle las migas de galleta con la mantequilla derretida, luego presione en el fondo y los lados de un molde para pastel rectangular untado con mantequilla de 30 x 20 cm/12 x 8. Batir la leche evaporada hasta que espese, luego agregar poco a poco el azúcar, luego la gelatina disuelta y el café. Vierta sobre la base y refrigere hasta que cuaje. Cortar en cuadritos y decorar con nata montada y rodajas de naranja cristalinas (confitadas).

Pastel de frutas sin hornear

Hace un pastel de 23 cm/9

450 g/1 libra/22/3 tazas de mezcla de frutas secas (mezcla para pastel de frutas)

450 g de galletas simples (pastel), trituradas

100 g/4 oz/½ taza de mantequilla o margarina, derretida

100 g/4 oz/½ taza de azúcar moreno suave

400 g/14 oz/1 lata grande de leche condensada

5 ml/1 cucharadita de esencia de vainilla (extracto)

Mezcle todos los ingredientes hasta que estén bien combinados. Vierta en un molde para pasteles (molde) engrasado de 23 cm/9, forrado con papel de aluminio (papel de plástico) y presione hacia abajo. Déjalo enfriar con fuerza.

Cuadrados frutales

Hace alrededor de 12

100 g/4 oz/½ taza de mantequilla o margarina

100 g/4 oz/½ taza de azúcar moreno suave

400 g/14 oz/1 lata grande de leche condensada

5 ml/1 cucharadita de esencia de vainilla (extracto)

250 g/9 oz/1½ tazas de frutas secas mixtas (mezcla para pastel de frutas)

100 g/4 oz/½ taza de cerezas glacé (confitadas)

50 g/2 oz/½ taza de nueces mixtas picadas

400 g de galletas simples (pastel), trituradas

Derretir la mantequilla o margarina y el azúcar a fuego lento. Agrega la leche condensada y la esencia de vainilla, luego retira del fuego. Incorpora los demás ingredientes. Presione en un molde para panecillos suizos engrasado (pan para panecillos de gelatina) y refrigere durante 24 horas hasta que esté firme. Cortar en cuadrados.

Chicharrones de frutas y fibras

Hace 12

100 g/4 oz/1 taza de chocolate natural (semidulce)

50 g/2 oz/¼ taza de mantequilla o margarina

15 ml/1 cucharada de almíbar dorado (maíz claro)

100 g/4 oz/1 taza de copos de fruta y fibra

Derretir el chocolate en un recipiente resistente al calor sobre agua ligeramente hirviendo. Agregue la mantequilla o margarina y el almíbar. Agrega el cereal. Vierta en hojas de papel para pastel (papeles de azúcar) y déjelas enfriar y endurecer.

Pastel de capas de turrón

Rinde un pastel de 900 g.

15 g/½ oz/1 cucharada de gelatina en polvo

100 ml/3½ fl oz/6½ cucharadas de agua

1 paquete de esponjas pequeñas

225 g/8 oz/1 taza de mantequilla o margarina, ablandada

50 g/2 oz/¼ taza de azúcar glass (súper fina).

400 g/14 oz/1 lata grande de leche condensada

5 ml/1 cucharadita de jugo de limón

5 ml/1 cucharadita de esencia de vainilla (extracto)

5 ml/1 cucharadita de crémor tártaro

100 g/4 oz/2/3 taza de frutas secas mixtas (mezcla para pastel de frutas), picadas

Espolvorea la gelatina sobre el agua en un tazón pequeño, luego coloca el tazón en agua caliente hasta que la gelatina se vuelva transparente. Enfriémoslo un poco. Forrar un molde para pan (molde) de 900 g con papel de aluminio de manera que el papel de aluminio cubra la parte superior del molde, luego colocar la mitad de los bizcochos pequeños en la base. Mezcle la mantequilla o margarina y el azúcar hasta que esté cremoso, luego agregue los demás ingredientes. Vierta en el molde y coloque encima los bizcochos pequeños restantes. Cubrir con papel aluminio y colocar una mancuerna encima. Déjalo enfriar con fuerza.

Cuadritos de leche y nuez moscada

hace 20

Para la fundación:

225 g de migajas de galleta (pastel)

30 ml/2 cucharadas de azúcar moreno blando

2,5 ml/½ cucharadita de nuez moscada rallada

100 g/4 oz/½ taza de mantequilla o margarina, derretida

Para el llenado:

1,2 litros/2 puntos/5 tazas de leche

25 g/1 oz/2 cucharadas de mantequilla o margarina

2 huevos, separados

225 g/8 oz/1 taza de azúcar glass (súper fina).

100 g/4 oz/1 taza de harina de maíz (maicena)

50 g/2 oz/½ taza de harina común (para todo uso)

5 ml/1 cucharadita de levadura en polvo

Una pizca de nuez moscada rallada

Nuez moscada rallada para espolvorear

Para preparar la base, mezcle las migas de galleta, el azúcar y la nuez moscada con la mantequilla o margarina derretida y luego presione en el fondo de un molde para pasteles engrasado de 30 x 20 cm/12 x 8.

Para hacer el relleno, hierva 1 litro/1¾ pt/4¼ tazas de leche en una cacerola grande. Agrega la mantequilla o margarina. Mezclar la yema de huevo con el resto de la leche hasta que esté espumosa. Incorpora el azúcar, la harina de maíz, la harina, el polvo para hornear y la nuez moscada. Agrega un poco de la leche hirviendo a la mezcla de yemas de huevo hasta que quede blanda, luego agrega la pulpa a la leche hirviendo, revolviendo constantemente a fuego lento durante unos minutos hasta que espese. Alejar del calor. Batir las claras hasta obtener una espuma firme y luego incorporarlas a la masa. Vierta sobre la base y espolvoree generosamente con nuez moscada. Dejar enfriar, luego enfriar y cortar en cuadritos antes de servir.

Muesli Crujiente

Rinde unos 16 cuadrados.

400 g/14 oz/3½ tazas de chocolate natural (semidulce)

45 ml/3 cucharadas de almíbar dorado (maíz claro)

25 g/1 oz/2 cucharadas de mantequilla o margarina

Aproximadamente 225 g/8 oz/2/3 taza de muesli

Derretir la mitad del chocolate, el almíbar y la mantequilla o margarina. Agregue gradualmente suficiente muesli para obtener una mezcla espesa. Presione en un molde para panecillos suizos engrasado (molde para panecillos de gelatina). Derretir el chocolate restante y alisarlo por encima. Refrigere antes de cortar en cubos.

Cuadritos de mousse de naranja

hace 20

25 g / 1 oz / 2 cucharadas de gelatina en polvo

75 ml/5 cucharadas de agua fría

225 g de migajas de galleta (pastel)

50 g/2 oz/¼ taza de mantequilla o margarina, derretida

400 g/14 oz/1 lata grande de leche al vapor

150 g/5 oz/2/3 taza de azúcar glass (súper fina).

400 ml/14 fl oz/1¾ tazas de jugo de naranja

Decorar con nata montada y dulces de chocolate.

Espolvoreamos la gelatina sobre el agua en un bol y dejamos que quede esponjosa. Coloca el bol en una cacerola con agua hirviendo y déjalo hasta que se disuelva. Deja que se enfríe un poco. Mezcle las migas de galleta con la mantequilla derretida y presione en el fondo y los lados de un molde para pastel plano (molde) engrasado de 30 x 20 cm/12 x 8. Batir la leche hasta obtener una espuma firme, luego añadir poco a poco el azúcar, luego la gelatina disuelta y el zumo de naranja. Vierta sobre la base y refrigere hasta que cuaje. Cortar en cuadritos y decorar con crema batida y dulces de chocolate.

Cuadritos de avellana

el tendra 18

225 g de migajas de galleta (pastel)

100 g/4 oz/½ taza de mantequilla o margarina, derretida

225 g/8 oz/1 taza de mantequilla de maní crujiente

25 g/1 oz/2 cucharadas de cerezas glaseadas (confitadas)

25 g/1 oz/3 cucharadas de grosellas

Mezcle todos los ingredientes hasta que estén bien combinados. Presione en una bandeja para hornear engrasada de 25 cm/12 pulgadas y enfríe hasta que esté firme, luego córtelo en cuadritos.

Tortas de caramelo de menta

el tendra 16

400 g/14 oz/1 lata grande de leche condensada

600 ml/1 pt/2½ tazas de leche

30 ml/2 cucharadas de pudín en polvo

225 g/8 oz/2 tazas de migajas de galletas Graham digestivas

100 g/4 oz/1 taza de chocolate con menta, partido en trozos

Coloca la lata de leche condensada sin abrir en un recipiente lleno de suficiente agua para cubrir la lata. Llevar a ebullición, tapar y cocinar a fuego lento durante 3 horas, añadiendo agua hirviendo según sea necesario. Deje enfriar, luego abra la caja y retírela del caramelo.

Calentar 500ml/2¼ tazas de leche con el caramelo, llevar a ebullición y revolver hasta que se derrita. Mezcle el pudín en polvo con el resto de la leche hasta que se convierta en una pasta, luego mézclelo en la sartén y continúe cocinando a fuego lento, revolviendo constantemente, hasta que espese. Espolvoree la mitad de las migas de galleta en el fondo de un molde para pasteles cuadrado de 20 cm/8 engrasado, luego vierta la mitad del pudín de caramelo encima y espolvoree con la mitad del chocolate. Repetir las capas y dejar enfriar. Deje enfriar, luego córtelo en rodajas y sirva.

Pasteles de arroz

serán 24

175 g/6 oz/½ taza de miel pura

225 g/8 oz/1 taza de azúcar granulada

60 ml/4 cucharadas de agua

350 g/12 oz/1 caja de copos de arroz inflado

100 g/4 oz/1 taza de maní tostado

Derrita la miel, el azúcar y el agua en una cacerola grande y déjela enfriar durante 5 minutos. Agrega el cereal y el maní. Forme bolitas, colóquelas en cajas de papel para pasteles (papeles para cupcakes) y déjelas enfriar y endurecer.

Toffee de arroz y chocolate

225 gramos/8 onzas

50 g/2 oz/¼ taza de mantequilla o margarina

30 ml/2 cucharadas de almíbar dorado (maíz claro)

30 ml/2 cucharadas de cacao en polvo (chocolate sin azúcar).

60 ml/4 cucharadas de azúcar glass (súper fina).

50 g/2 oz/½ taza de arroz molido

Derretir la mantequilla y el almíbar. Agrega el cacao y el azúcar hasta que se disuelvan, luego agrega el arroz molido. Llevar a ebullición con cuidado, reducir el fuego y cocinar durante 5 minutos a fuego lento, revolviendo constantemente. Vierta en un molde cuadrado de 20 cm/8 engrasado y forrado y deje enfriar un poco. Cortar en cuadritos y dejar enfriar por completo antes de retirar de la sartén.

Pasta de almendra

Cubre la parte superior y los lados de una tarta de 23 cm/9

225 g/8 oz/2 tazas de almendras molidas

225 g/8 oz/11/3 tazas de azúcar en polvo (repostería), tamizada

225 g/8 oz/1 taza de azúcar glass (súper fina).

2 huevos, ligeramente batidos

10 ml/2 cucharaditas de jugo de limón

Unas gotas de esencia de almendras (extracto)

Mezclar las almendras y el azúcar hasta que estén espumosos. Incorpora poco a poco el resto de los ingredientes hasta obtener una pasta suave. Envuélvalo en papel de aluminio (envoltorio plástico) y refrigérelo antes de usarlo.

Pasta de almendras sin azúcar

Cubre la parte superior y los lados de un pastel de 15 cm/6

100 g/4 oz/1 taza de almendras molidas

50 g/2 oz/½ taza de fructosa

25 g/1 oz/¼ taza de harina de maíz (maicena)

1 huevo, ligeramente batido

Mezcla todos los ingredientes hasta obtener una pasta suave. Envuélvalo en papel de aluminio (envoltorio plástico) y refrigérelo antes de usarlo.

glaseado real

Cubre la parte superior y los lados de un pastel de 20 cm/8

5 ml/1 cucharadita de jugo de limón

2 claras de huevo

450 g/1 libra/22/3 tazas de azúcar en polvo (repostería) tamizada

5 ml/1 cucharadita de glicerina (opcional)

Mezcle el jugo de limón y las claras de huevo, luego agregue gradualmente el azúcar en polvo hasta que el glaseado esté suave y blanco y cubra el dorso de una cuchara. Unas gotas de glicerina evitarán que el glaseado se vuelva demasiado quebradizo. Cubrir con un paño húmedo y dejar reposar durante 20 minutos para permitir que las burbujas de aire suban a la superficie.

Vierte el glaseado de esta consistencia sobre el bizcocho y alísalo con un cuchillo mojado en agua caliente. Para la pizca, agregue más azúcar en polvo para que el glaseado esté lo suficientemente rígido como para formar picos.

Glaseado sin azúcar

Suficiente para cubrir un pastel de 15 cm/6

50 g/2 oz/½ taza de fructosa

Una pizca de sal

1 clara de huevo

2,5 ml/½ cucharadita de jugo de limón

Procese la fructosa en polvo en un procesador de alimentos hasta que quede tan fina como el azúcar en polvo. Agrega la sal. Colóquelo en un recipiente resistente al calor y mezcle las claras de huevo y el jugo de limón. Coloque el recipiente sobre agua hirviendo a fuego lento y continúe batiendo hasta que se formen picos rígidos. Retire del fuego y revuelva hasta que se enfríe.

Glaseado de fondant

Suficiente para cubrir una tarta de 20 cm.

450 g/1 libra/2 tazas de azúcar en polvo (superfina) o azúcar granulada

150 ml/¼ pt/2/3 taza de agua

15ml/1 cucharada de glucosa líquida o 2,5ml/½ cucharadita de crémor tártaro

Disuelva el azúcar en el agua en una cacerola grande y pesada a fuego lento. Limpia los lados de la sartén con un cepillo humedecido en agua fría para evitar que se formen cristales. Disuelva el crémor tártaro en un poco de agua y luego revuélvalo en la sartén. Llevar a ebullición y hervir continuamente a 115°C cuando una gota de glaseado forme una bola suave al caer en agua fría. Vierta el almíbar lentamente en un recipiente resistente al calor y déjelo hasta que espese. Batir el hielo con una cuchara de madera hasta que esté opaco y firme. Amasar hasta que quede suave. Antes de usar, calentar en un recipiente resistente al calor sobre agua caliente para ablandar si es necesario.

glaseado de mantequilla

Suficiente para rellenar y cubrir una tarta de 20 cm.

100 g/4 oz/½ taza de mantequilla o margarina, ablandada

225 g/8 oz/11/3 tazas de azúcar glass (repostera) tamizada

30 ml/2 cucharadas de leche

Batir la mantequilla o margarina hasta que esté suave. Agregue gradualmente el azúcar en polvo y la leche hasta que estén bien combinados.

Glaseado de mantequilla de chocolate

Suficiente para rellenar y cubrir una tarta de 20 cm.

30 ml/2 cucharadas de cacao en polvo (chocolate sin azúcar).

15 ml/1 cucharada de agua hirviendo

100 g/4 oz/½ taza de mantequilla o margarina, ablandada

225 g/8 oz/11/3 tazas de azúcar en polvo (repostería), tamizada

15 ml/1 cucharada de leche

Mezcla el cacao hasta formar una pasta con el agua hirviendo y luego déjalo enfriar. Batir la mantequilla o margarina hasta que esté suave. Mezcle gradualmente el azúcar en polvo, la leche y el cacao hasta que estén bien combinados.

Glaseado de mantequilla de chocolate blanco

Suficiente para rellenar y cubrir una tarta de 20 cm.

100 g/4 oz/1 taza de chocolate blanco

100 g/4 oz/½ taza de mantequilla o margarina, ablandada

225 g/8 oz/11/3 tazas de azúcar en polvo (repostería), tamizada

15 ml/1 cucharada de leche

Derretir el chocolate en un recipiente resistente al calor colocado sobre agua ligeramente hirviendo y dejar enfriar un poco. Batir la mantequilla o margarina hasta que esté suave. Agregue gradualmente el azúcar en polvo, la leche y el chocolate hasta que estén bien combinados.

Glaseado de mantequilla de café

Suficiente para rellenar y cubrir una tarta de 20 cm.

100 g/4 oz/½ taza de mantequilla o margarina, ablandada

225 g/8 oz/11/3 tazas de azúcar glass (repostera) tamizada

15 ml/1 cucharada de leche

15 ml/1 cucharada de esencia de café (extracto)

Batir la mantequilla o margarina hasta que esté suave. Incorpora poco a poco el azúcar en polvo, la leche y la esencia de café hasta que estén bien combinados.

Glaseado de mantequilla de limón

Suficiente para rellenar y cubrir una tarta de 20 cm.

100 g/4 oz/½ taza de mantequilla o margarina, ablandada

225 g/8 oz/11/3 tazas de azúcar glass (repostera) tamizada

30 ml/2 cucharadas de jugo de limón

Ralladura de 1 limón

Batir la mantequilla o margarina hasta que esté suave. Agregue gradualmente el azúcar en polvo, el jugo de limón y la ralladura hasta que estén bien combinados.

Glaseado de mantequilla de naranja

Suficiente para rellenar y cubrir una tarta de 20 cm.

100 g/4 oz/½ taza de mantequilla o margarina, ablandada

225 g/8 oz/11/3 tazas de azúcar glass (repostera) tamizada

30 ml/2 cucharadas de zumo de naranja

Piel rallada de 1 naranja

Batir la mantequilla o margarina hasta que esté suave. Agregue gradualmente el azúcar en polvo, el jugo de naranja y la ralladura hasta que estén bien combinados.

Crema de queso glaseado

Suficiente para cubrir una tarta de 25 cm.

75 g/3 oz/1/3 taza de queso crema

30 ml/2 cucharadas de mantequilla o margarina

350 g (12 oz/2 tazas) de azúcar en polvo, tamizada

5 ml/1 cucharadita de esencia de vainilla (extracto)

Mezclar el queso y la mantequilla o margarina hasta que esté espumoso. Agrega poco a poco el azúcar glass y la esencia de vainilla hasta obtener una espuma suave y cremosa.

glaseado de naranja

Suficiente para cubrir una tarta de 25 cm.

250 g/9 oz/1½ tazas de azúcar en polvo (repostería), tamizada

30 ml/2 cucharadas de mantequilla o margarina, ablandada

Unas gotas de esencia de almendras (extracto)

60 ml/4 cucharadas de zumo de naranja

Poner en un bol el azúcar glass y mezclar la mantequilla o margarina y la esencia de almendras. Agregue gradualmente suficiente jugo de naranja para formar una espuma firme.

Glaseado de licor de naranja

Suficiente para cubrir una tarta de 20 cm.

100 g/4 oz/½ taza de mantequilla o margarina, ablandada

450 g/1 libra/22/3 tazas de azúcar en polvo (repostería) tamizada

60 ml/4 cucharadas de licor de naranja

15 ml/1 cucharada de piel de naranja rallada

Mezcle la mantequilla o margarina y el azúcar hasta que esté espumoso. Agregue suficiente licor de naranja para obtener una consistencia untable y luego agregue la cáscara de naranja.

Glacé Glacé

Suficiente para cubrir una tarta de 20 cm.

100 g/4 oz/2/3 taza de azúcar en polvo (repostería), tamizada

25-30 ml/1½-2 cucharadas de agua

Unas gotas de colorante alimentario (opcional)

Coloque el azúcar en un bol y mezcle gradualmente con el agua hasta que el glaseado esté suave. Colorea con unas gotas de colorante alimentario al gusto. El glaseado será opaco cuando se aplique a pasteles fríos o transparente cuando se aplique a pasteles calientes.

Glaseado De Café Glacé

Suficiente para cubrir una tarta de 20 cm.

100 g/4 oz/2/3 taza de azúcar en polvo (repostería), tamizada

25-30ml/1½-2 cucharadas de café negro muy fuerte

Coloque el azúcar en un bol y agregue gradualmente el café hasta que el glaseado esté suave.

Glaseado De Limón

Suficiente para cubrir una tarta de 20 cm.

100 g/4 oz/2/3 taza de azúcar en polvo (repostería), tamizada

25-30 ml/1½-2 cucharadas de jugo de limón

Ralladura fina de 1 limón

Coloca el azúcar en un bol y agrega poco a poco el jugo y la ralladura de limón hasta que el glaseado esté suave.

Glacé de naranja

Suficiente para cubrir una tarta de 20 cm.

100 g/4 oz/2/3 taza de azúcar en polvo (repostería), tamizada

25-30 ml/1½-2 cucharadas de zumo de naranja

Cáscara de 1 naranja finamente rallada

Coloca el azúcar en un bol y agrega poco a poco el jugo de naranja y la ralladura hasta que el glaseado esté suave.

Glaseado de ron

Suficiente para cubrir una tarta de 20 cm.

100 g/4 oz/2/3 taza de azúcar en polvo (repostería), tamizada

25-30 ml/1½-2 cucharadas de ron

Coloque el azúcar en un bol y agregue gradualmente el ron hasta que el glaseado esté suave.

Glaseado de vainilla

Suficiente para cubrir una tarta de 20 cm.

100 g/4 oz/2/3 taza de azúcar en polvo (repostería), tamizada

25ml/1½ cucharada de agua

Unas gotas de esencia de vainilla (extracto)

Pon el azúcar en un bol y mezcla poco a poco con el agua y la esencia de vainilla hasta que el glaseado esté suave.

Glaseado de chocolate cocido

Suficiente para cubrir una tarta de 23 cm.

275 g/10 oz/1¼ tazas de azúcar glass (súper fina).

100 g/4 oz/1 taza de chocolate natural (semidulce)

50 g/2 oz/¼ taza de cacao en polvo (chocolate sin azúcar).

120 ml/4 fl oz/½ taza de agua

Lleva todos los ingredientes a ebullición, revuelve hasta que estén bien mezclados. Cocine a fuego medio a 108°C/220°F, o cuando se forme un hilo largo al tirar entre dos cucharaditas. Vierta en un tazón amplio y bata hasta que esté espeso y brillante.

Aderezo de chocolate y coco

Suficiente para cubrir una tarta de 23 cm.

175 g/6 oz/1½ tazas de chocolate natural (semidulce)

90ml/6 cucharadas de agua hirviendo

225 g/8 oz/2 tazas de coco desecado (rallado)

Haga puré el chocolate y el agua en una licuadora o procesador de alimentos, luego agregue el coco y procese hasta que quede suave. Espolvorea sobre los bizcochos mientras aún estén calientes.

Cobertura de dulce de azúcar

Suficiente para cubrir una tarta de 23 cm.

50 g/2 oz/¼ taza de mantequilla o margarina

45 ml/3 cucharadas de cacao en polvo (chocolate sin azúcar).

60 ml/4 cucharadas de leche

425 g/15 oz/2½ tazas de azúcar en polvo (repostería) tamizada

5 ml/1 cucharadita de esencia de vainilla (extracto)

Derrita la mantequilla o la margarina en una cacerola pequeña, luego agregue el cacao y la leche. Llevar a ebullición, revolviendo constantemente, luego retirar del fuego. Incorpora poco a poco el azúcar y la esencia de vainilla y mezcla hasta que quede suave.

Cobertura de queso crema dulce

Suficiente para cubrir una tarta de 30 cm.

100 g/4 oz/½ taza de queso crema

25 g/1 oz/2 cucharadas de mantequilla o margarina, ablandada

350 g (12 oz/2 tazas) de azúcar en polvo, tamizada

5 ml/1 cucharadita de esencia de vainilla (extracto)

30 ml/2 cucharadas de miel pura (opcional)

Mezclar el queso crema y la mantequilla o margarina ligeramente y hasta que esté espumoso. Mezcle poco a poco el azúcar y la esencia de vainilla hasta que quede suave. Endulza con un poco de miel al gusto.

Glaseado de terciopelo americano

Suficiente para cubrir dos tartas de 23 cm/9

175 g/6 oz/1½ tazas de chocolate natural (semidulce)

120 ml/4 fl oz/½ taza de crema agria (crema agria).

5 ml/1 cucharadita de esencia de vainilla (extracto)

Una pizca de sal

400 g/14 oz/21/3 tazas de azúcar glass (repostería), tamizada

Derretir el chocolate en un recipiente resistente al calor sobre agua ligeramente hirviendo. Retirar del fuego y agregar la nata, la esencia de vainilla y la sal. Mezcle gradualmente el azúcar hasta que quede suave.

glaseado de mantequilla

Suficiente para cubrir una tarta de 23 cm.

50 g/2 oz/¼ taza de mantequilla o margarina, ablandada

250 g/9 oz/1½ tazas de azúcar en polvo (repostería), tamizada

5 ml/1 cucharadita de esencia de vainilla (extracto)

30 ml/2 cucharadas de crema natural (ligera)

Batir la mantequilla o la margarina hasta que esté suave, luego agregar gradualmente el azúcar, la esencia de vainilla y la crema hasta que quede suave y cremosa.

glaseado de caramelo

Suficiente para rellenar y cubrir una tarta de 23 cm.

100 g/4 oz/½ taza de mantequilla o margarina

225 g/8 oz/1 taza de azúcar moreno suave

60 ml/4 cucharadas de leche

350 g (12 oz/2 tazas) de azúcar en polvo, tamizada

Derrita la mantequilla o margarina y el azúcar a fuego lento, revolviendo constantemente hasta que se combinen. Agrega la leche y deja hervir. Retirar del fuego y dejar enfriar. Batir el azúcar glass hasta obtener una consistencia untable.

Glaseado De Limón

Suficiente para cubrir una tarta de 23 cm.

25 g/1 oz/2 cucharadas de mantequilla o margarina

5 ml/1 cucharadita de piel de limón rallada

30 ml/2 cucharadas de jugo de limón

250 g/9 oz/1½ tazas de azúcar en polvo (repostería), tamizada

Mezclar la mantequilla o margarina y la ralladura de limón hasta que esté espumosa. Mezcle gradualmente el jugo de limón y el azúcar hasta que quede suave.

Glaseado de crema de café y mantequilla

Suficiente para rellenar y cubrir una tarta de 23 cm.

1 clara de huevo

75 g/3 oz/1/3 taza de mantequilla o margarina, ablandada

30 ml/2 cucharadas de leche caliente

5 ml/1 cucharadita de esencia de vainilla (extracto)

15 ml/1 cucharada de café instantáneo granulado

Una pizca de sal

350 g (12 oz/2 tazas) de azúcar en polvo, tamizada

Mezclar las claras, la mantequilla o margarina, la leche caliente, la esencia de vainilla, el café y la sal. Mezcle gradualmente el azúcar en polvo hasta que quede suave.

Glaseado Lady Baltimore

Suficiente para rellenar y cubrir una tarta de 23 cm.

50 g/2 oz/1/3 taza de pasas, picadas

50 g de cerezas glaseadas (confitadas), picadas

50 g/2 oz/½ taza de nueces pecanas, picadas

25 g/1 oz/3 cucharadas de higos secos, picados

2 claras de huevo

350g/12oz/1½ tazas de azúcar glass (súper fina).

Un toque de crema tártara

75 ml/5 cucharadas de agua fría

Una pizca de sal

5 ml/1 cucharadita de esencia de vainilla (extracto)

Mezclar las pasas, las cerezas, las nueces y los higos. Batir las claras de huevo, el azúcar, el crémor tártaro, el agua y la sal en un recipiente resistente al calor colocado sobre agua hirviendo a fuego lento hasta que se formen picos rígidos, aproximadamente 5 minutos. Retirar del fuego y agregar la esencia de vainilla. Mezcla las frutas con un tercio del glaseado y úsalo para rellenar el pastel, luego unta la parte superior y los lados del pastel con el resto.

Glaseado blanco

Suficiente para cubrir una tarta de 23 cm.

225 g/8 oz/1 taza de azúcar granulada

1 clara de huevo

30 ml/2 cucharadas de agua

15 ml/1 cucharada de almíbar dorado (maíz claro)

Combine el azúcar, las claras de huevo y el agua en un recipiente resistente al calor colocado sobre un pie de agua. Continúe batiendo por hasta 10 minutos hasta que la mezcla se espese y forme picos rígidos. Retirar del fuego y agregar el almíbar. Continuar batiendo hasta obtener una consistencia untable.

Glaseado blanco cremoso

Suficiente para rellenar y cubrir una tarta de 23 cm.

75 ml/5 cucharadas de nata natural (ligera)

5 ml/1 cucharadita de esencia de vainilla (extracto)

75 g/3 oz/1/3 taza de queso crema

10 ml/2 cucharaditas de mantequilla o margarina, ablandada

Una pizca de sal

350 g (12 oz/2 tazas) de azúcar en polvo, tamizada

Mezclar la nata, la esencia de vainilla, el queso crema, la mantequilla o margarina y la sal hasta que quede suave. Poco a poco trabaje el azúcar en polvo hasta que quede suave.

Glaseado blanco esponjoso

Suficiente para rellenar y cubrir una tarta de 23 cm.

2 claras de huevo

350g/12oz/1½ tazas de azúcar glass (súper fina).

Un toque de crema tártara

75 ml/5 cucharadas de agua fría

Una pizca de sal

5 ml/1 cucharadita de esencia de vainilla (extracto)

Batir las claras de huevo, el azúcar, el crémor tártaro, el agua y la sal en un recipiente resistente al calor colocado sobre agua hirviendo a fuego lento hasta que se formen picos rígidos, aproximadamente 5 minutos. Retirar del fuego y agregar la esencia de vainilla. Úselo para unir el pastel y luego extienda el resto sobre la parte superior y los lados del pastel.

Glaseado marrón

Suficiente para cubrir una tarta de 23 cm.

225 g/8 oz/1 taza de azúcar moreno suave

1 clara de huevo

30 ml/2 cucharadas de agua

5 ml/1 cucharadita de esencia de vainilla (extracto)

Combine el azúcar, las claras de huevo y el agua en un recipiente resistente al calor colocado sobre un pie de agua. Continúe batiendo por hasta 10 minutos hasta que la mezcla se espese y forme picos rígidos. Retirar del fuego y agregar la esencia de vainilla. Continuar batiendo hasta obtener una consistencia untable.

Cobertura de vainilla

Suficiente para rellenar y cubrir una tarta de 23 cm.

1 clara de huevo

75 g/3 oz/1/3 taza de mantequilla o margarina, ablandada

30 ml/2 cucharadas de leche caliente

5 ml/1 cucharadita de esencia de vainilla (extracto)

Una pizca de sal

350 g (12 oz/2 tazas) de azúcar en polvo, tamizada

Mezclar las claras, la mantequilla o margarina, la leche caliente, la esencia de vainilla y la sal. Mezcle gradualmente el azúcar en polvo hasta que quede suave.

Pudin de vainilla

600 ml/1 pt/2½ tazas

100 g/4 oz/½ taza de azúcar glass (súper fina).

50 g/2 oz/¼ taza de harina de maíz (maicena)

4 yemas de huevo

600 ml/1 pt/2½ tazas de leche

1 vaina de vainilla (frijol)

Azúcar en polvo (repostería), tamizada, para espolvorear

Mezclar la mitad del azúcar con la harina de maíz y la yema de huevo hasta que esté espumoso. Hervir el resto del azúcar y la leche con la vaina de vainilla. Agrega la mezcla de azúcar a la leche caliente, luego déjala hervir mientras revuelves continuamente y cocina por 3 minutos hasta que espese. Verter en un bol, espolvorear con azúcar glass para que no se pele y dejar enfriar. Batir nuevamente antes de usar.

Relleno de pudín

Suficiente para llenar un bizcocho de 23 cm.

325 ml/11 fl oz/11/3 tazas de leche

45 ml/3 cucharadas de harina de maíz (almidón de maíz)

60 g/2½ oz/1/3 taza de azúcar glass (súper fina).

1 huevo

15 ml/1 cucharada de mantequilla o margarina

5 ml/1 cucharadita de esencia de vainilla (extracto)

Mezclar 30ml/2 cucharadas de leche con la harina de maíz, el azúcar y el huevo. Hervir la leche restante en una cacerola pequeña. Incorpora poco a poco la leche caliente a la mezcla de huevo. Enjuague la sartén, luego regrese la mezcla a la sartén y revuelva a fuego lento hasta que espese. Agrega la mantequilla o margarina y la esencia de vainilla. Cubrir con papel vegetal enmantecado y dejar enfriar.

Relleno de pudín danés

750 ml/1¼ pt/3 tazas

2 huevos

50 g/2 oz/¼ taza de azúcar glass (súper fina).

50 g/2 oz/½ taza de harina común (para todo uso)

600 ml/1 pt/2½ tazas de leche

¼ de vaina de vainilla (frijol)

Batir los huevos y el azúcar hasta que se formen picos rígidos. Agrega poco a poco la harina. Hervir la leche y la vaina de vainilla. Retire la vaina de vainilla y agregue la leche a la mezcla de huevo. Regrese a la sartén y cocine a fuego lento durante 2-3 minutos, revolviendo constantemente. Dejar enfriar antes de usar.

Rico relleno de pudín danés

750 ml/1¼ pt/3 tazas

4 yemas de huevo

30 ml/2 cucharadas de azúcar granulada

25 ml/1½ cucharada de harina común (para todo uso)

10 ml/2 cucharaditas de harina de patata

450 ml/¾ pt/2 tazas de crema natural (ligera)

Unas gotas de esencia de vainilla (extracto)

150 ml/¼ pt/2/3 taza de crema doble (espesa), batida

Mezclar las yemas de huevo, el azúcar, la harina y la nata en un cazo. Revuelve a fuego medio hasta que la mezcla comience a espesarse. Agrega la esencia de vainilla y deja enfriar. Agrega la crema batida.

Crema pastelera

300 ml/½ pt/1¼ taza

2 huevos, separados

45 ml/3 cucharadas de harina de maíz (almidón de maíz)

300 ml/½ pt/1¼ taza de leche

Unas gotas de esencia de vainilla (extracto)

50 g/2 oz/¼ taza de azúcar glass (súper fina).

Mezclar bien la yema de huevo, la harina de maíz y la leche en una cacerola pequeña. Llevar a ebullición a fuego medio, luego cocinar durante 2 minutos, revolviendo constantemente. Agrega la esencia de vainilla y déjala enfriar.

Batir las claras hasta obtener una espuma firme, luego agregar la mitad del azúcar y volver a batir hasta obtener una espuma firme. Agrega el azúcar restante. Agregue la mezcla de crema y refrigere hasta que esté listo para usar.

Relleno de crema de jengibre

Suficiente para llenar un bizcocho de 23 cm.

100 g/4 oz/½ taza de mantequilla o margarina, ablandada

450 g/1 libra/22/3 tazas de azúcar en polvo (repostería) tamizada

5 ml/1 cucharadita de jengibre molido

30 ml/2 cucharadas de leche

75 g/3 oz/¼ taza de melaza (melaza)

Mezcle la mantequilla o margarina con el azúcar y el jengibre hasta que quede espumoso y cremoso. Agregue gradualmente la leche y la melaza hasta que quede suave y untable. Si el relleno queda demasiado fino, añade un poco más de azúcar.

relleno de limon

250 ml/8 fl oz/1 taza

100 g/4 oz/½ taza de azúcar glass (súper fina).

30 ml/2 cucharadas de harina de maíz (almidón de maíz)

60 ml/4 cucharadas de jugo de limón

15 ml/1 cucharada de piel de limón rallada

120 ml/4 fl oz/½ taza de agua

Una pizca de sal

15 ml/1 cucharada de mantequilla o margarina

Combine todos los ingredientes excepto la mantequilla o margarina en una cacerola pequeña a fuego lento, revolviendo suavemente hasta que la mezcla esté bien mezclada. Llevar a ebullición y cocinar a fuego lento durante 1 minuto. Agrega la mantequilla o margarina y déjala enfriar. Dejar enfriar antes de usar.

glaseado de chocolate

Suficiente para cubrir una tarta de 25 cm/10

50 g/2 oz/½ taza de chocolate natural (semidulce), picado

50 g/2 oz/¼ taza de mantequilla o margarina

2,5 ml/½ cucharadita de esencia de vainilla (extracto)

75 ml/5 cucharadas de agua hirviendo

350 g (12 oz/2 tazas) de azúcar en polvo, tamizada

Licue todos los ingredientes en una licuadora o procesador de alimentos hasta que quede suave, presione los ingredientes según sea necesario. Úselo de inmediato.

Glaseado de pastel de frutas

Suficiente para cubrir una tarta de 25 cm/10

75 ml/5 cucharadas de almíbar dorado (maíz claro)

60 ml/4 cucharadas de zumo de piña o naranja

Mezcle el almíbar y el jugo de frutas en una cacerola pequeña y déjelo hervir. Retirar del fuego y esparcir la mezcla por la parte superior y los lados del pastel enfriado. Déjalo reposar. Hervir nuevamente el glaseado y extender una segunda capa sobre el bizcocho.

Glaseado de pastel de frutas de naranja

Suficiente para cubrir una tarta de 25 cm/10

50 g/2 oz/¼ taza de azúcar glass (súper fina).

30 ml/2 cucharadas de zumo de naranja

10 ml/2 cucharaditas de piel de naranja rallada

Mezclar los ingredientes en una cacerola pequeña y llevar a ebullición, revolviendo constantemente. Retirar del fuego y esparcir la mezcla por la parte superior y los lados del pastel enfriado. Déjalo reposar. Hervir nuevamente el glaseado y extender una segunda capa sobre el bizcocho.

Cuadritos de merengue de almendras

Hace 12

225 g de masa quebrada

60 ml/4 cucharadas de mermelada de frambuesa (enlatada)

2 claras de huevo

50 g/2 oz/½ taza de almendras molidas

100 g/4 oz/½ taza de azúcar glass (súper fina).

Unas gotas de esencia de almendras (extracto)

25 g/1 oz/¼ taza de almendras en hojuelas (ralladas)

Estirar la masa (pasta) y colocarla en un molde para panecillos suizos (rollo de gelatina) engrasado de 30 x 20 cm/12 x 8. Untarlo con la mermelada. Batir las claras a punto de nieve y luego incorporar con cuidado las almendras molidas, el azúcar y la esencia de almendras. Untar con la mermelada y espolvorear con las almendras fileteadas. Hornear en horno precalentado a 180°C durante 45 minutos hasta que estén dorados y crujientes. Dejar enfriar y luego cortar en cubos.

gotas de ángel

serán 24

50 g/2 oz/¼ taza de mantequilla o margarina, ablandada

50 g/2 oz/¼ taza de manteca de cerdo (manteca vegetal)

100 g/4 oz/½ taza de azúcar glass (súper fina).

1 huevo pequeño, batido

Unas gotas de esencia de vainilla (extracto)

175 g/6 oz/1½ tazas de harina con levadura

45 ml/3 cucharadas de copos de avena

50 g/2 oz/¼ taza de cerezas glaseadas (confitadas), partidas por la mitad

Mezcle la mantequilla o margarina, la grasa y el azúcar hasta que esté espumoso. Agregue el huevo y la esencia de vainilla, luego agregue la harina y mezcle hasta obtener una masa firme. Romper en bolitas y rebozar en la avena. Colóquelos bien separados en una bandeja para hornear engrasada y espolvoree una cereza encima de cada uno. Hornear en horno precalentado a 180°C durante 20 minutos hasta que esté firme. Dejar enfriar en la bandeja.

Rodajas de almendras

Hace 12

100 g/4 oz/½ taza de mantequilla o margarina

225 g/8 oz/2 tazas de harina común (para todo uso)

5 ml/1 cucharadita de levadura en polvo

50 g/2 oz/¼ taza de azúcar glass (súper fina).

1 huevo, separado

75 ml/5 cucharadas de mermelada de frambuesa (enlatada)

100 g/4 oz/2/3 taza de azúcar en polvo (repostería), tamizada

100 g/4 oz/1 taza de almendras en hojuelas (ralladas)

Frote la mantequilla o margarina con la harina y el polvo para hornear hasta que la mezcla parezca pan rallado. Agregue el azúcar, luego agregue la yema de huevo y amase hasta obtener una masa dura. Estirar sobre una superficie ligeramente enharinada para que quepa en un molde para panecillos suizos (rollo de gelatina) engrasado de 30 x 20 cm/12 x 8. Presiónelo con cuidado en el molde y levante ligeramente los bordes de la masa para formar un borde. Untarlo con la mermelada. Batir las claras hasta obtener una espuma firme y luego agregar gradualmente el azúcar en polvo. Untar con la mermelada y espolvorear con las almendras. Hornee en un horno precalentado a 160°C durante 1 hora hasta que esté dorado y firme. Dejar enfriar en el molde durante 5 minutos, luego cortar en dedos y tapar sobre una rejilla para que se enfríe por completo.

Tartaletas Bakewell

serán 24

Para la masa:

25 g/1 oz/2 cucharadas de manteca de cerdo (manteca vegetal)

25 g/1 oz/2 cucharadas de mantequilla o margarina

100 g/4 oz/1 taza de harina común (para todo uso)

Una pizca de sal

30 ml/2 cucharadas de agua

45 ml/3 cucharadas de mermelada de frambuesa (enlatada)

Para el llenado:

50 g/2 oz/¼ taza de mantequilla o margarina, ablandada

50 g/2 oz/¼ taza de azúcar glass (súper fina).

1 huevo, ligeramente batido

25 g/1 oz/¼ taza de harina con levadura

25 g/1 oz/¼ taza de almendras molidas

Unas gotas de esencia de almendras (extracto)

Para hacer la masa (pasta), frote la manteca de cerdo y la mantequilla o margarina con la harina y la sal hasta que la mezcla parezca pan rallado. Agrega suficiente agua para hacer una masa suave. Estirar finamente sobre una superficie ligeramente enharinada, cortar en círculos de 7,5 cm y forrar las partes de dos moldes para panecillos untados con mantequilla. Lo rellenamos con mermelada.

Para el relleno, mezcle la mantequilla o margarina y el azúcar hasta que esté espumoso, luego agregue poco a poco el huevo. Incorpora la harina, las almendras molidas y la esencia de almendras. Vierta la mezcla en las tortas, pegue los bordes a la masa para que la mermelada la cubra por completo. Hornear en horno precalentado a 180°C hasta que se doren en 20 minutos.

Tortas De Mariposa De Chocolate

Rinde alrededor de 12 pasteles

Para las tartas:
100 g/4 oz/½ taza de mantequilla o margarina, ablandada

100 g/4 oz/½ taza de azúcar glass (súper fina).

2 huevos, ligeramente batidos

100 g/4 oz/1 taza de harina con levadura

30 ml/2 cucharadas de cacao en polvo (chocolate sin azúcar).

Una pizca de sal

30 ml/2 cucharadas de leche fría

Para el glaseado (glaseado):
50 g/2 oz/¼ taza de mantequilla o margarina, ablandada

100 g/4 oz/2/3 taza de azúcar en polvo (repostería), tamizada

10 ml/2 cucharaditas de leche caliente

Para hacer los pasteles, mezcle mantequilla o margarina y azúcar hasta que estén pálidos y espumosos. Incorpora poco a poco los huevos, alternando con la harina, el cacao y la sal, luego añade la leche hasta obtener una masa blanda. Vierta en pasteles de papel (papeles para cupcakes) o panecillos engrasados (moldes para pasteles) y hornee en un horno precalentado a 190°/375°F/marca de gas 5 durante 15-20 minutos, hasta que esté bien leudado y elástico al tacto. Déjalo enfriar. Corta la parte superior de los pasteles horizontalmente y luego córtalos por la mitad verticalmente para darle "alas" a la mariposa.

Para preparar el glaseado, bate la mantequilla o la margarina hasta que esté suave y luego agrega la mitad del azúcar glass. Agrega la leche y luego el azúcar restante. Divida la mezcla de glaseado entre

los pasteles, luego presione las "alas" en diagonal sobre la parte
superior de los pasteles.

galletas de coco

Hace 12

100 g de galletas de mantequilla

50 g/2 oz/¼ taza de mantequilla o margarina, ablandada

50 g/2 oz/¼ taza de azúcar glass (súper fina).

1 huevo batido

25 g/1 oz/2 cucharadas de harina de arroz

50 g/2 oz/½ taza de coco desecado (rallado)

1,5 ml/¼ cucharadita de levadura en polvo

60 ml/4 cucharadas de crema de chocolate

Extienda la masa y úsela para forrar los lados del panecillo
(molde). Mezclar la mantequilla o margarina y el azúcar hasta que
esté espumoso, luego agregar el huevo y la harina de arroz. Agrega
el coco y el polvo para hornear. Coloque una cucharada pequeña
de chocolate para untar en el fondo de cada hoja de masa (base de
pastel). Vierta la mezcla de coco encima y déjelos crecer y dorarse
en un horno precalentado a 200 ° C / 400 ° F / marca de gas 6
durante 15 minutos.

magdalenas dulces

Hace 15

100 g/4 oz/½ taza de mantequilla o margarina, ablandada

225 g/8 oz/1 taza de azúcar glass (súper fina).

2 huevos

5 ml/1 cucharadita de esencia de vainilla (extracto)

175 g/6 oz/1½ tazas de harina con levadura

5 ml/1 cucharadita de levadura en polvo

Una pizca de sal

75 ml/5 cucharadas de leche

Mezcle la mantequilla o margarina y el azúcar hasta que esté espumoso. Agrega poco a poco el huevo y la esencia de vainilla, batiendo bien después de cada adición. Mezclar la harina, la levadura y la sal alternativamente con la leche. Vierta la mezcla en láminas de papel para pastel (papel azucarado) y hornee en el horno precalentado a 190°C durante 20 minutos hasta que al insertar un palillo en el centro, éste salga limpio.

Galletas De Puntos De Café

Hace 12

Para las tartas:

100 g/4 oz/½ taza de mantequilla o margarina, ablandada

100 g/4 oz/½ taza de azúcar glass (súper fina).

2 huevos, ligeramente batidos

100 g/4 oz/1 taza de harina con levadura

10 ml/2 cucharadita de esencia de café (extracto)

Para el glaseado (glaseado):

50 g/2 oz/¼ taza de mantequilla o margarina, ablandada

100 g/4 oz/2/3 taza de azúcar en polvo (repostería), tamizada

Unas gotas de esencia de café (extracto)

100 g/4 oz/1 taza de chispas de chocolate

Para los bizcochos, mezcle la mantequilla o margarina y el azúcar hasta que estén suaves y esponjosos. Incorpora poco a poco los huevos y luego agrega la harina y la esencia de café. Vierta la mezcla en hojas de papel para pastel (papeles para cupcakes) colocadas en un molde para panecillos (bandeja para hornear galletas) y hornee en un horno precalentado a 180°C durante 20 minutos, hasta que esté bien leudado y elástico al tacto. Déjalo enfriar.

Para preparar el glaseado, bate la mantequilla o margarina hasta que esté suave, luego agrega el azúcar glass y la esencia de café. Untar encima de las tartas y decorar con virutas de chocolate.

pasteles Eccles

el tendra 16

50 g/2 oz/¼ taza de mantequilla o margarina

50 g/2 oz/¼ taza de azúcar moreno suave

225 g/8 oz/11/3 tazas de grosellas

450 g de hojaldre o hojaldre

Un poco de leche

45 ml/3 cucharadas de azúcar glass (súper fina).

Derrita la mantequilla o margarina y el azúcar moreno a fuego lento, mezcle bien. Retire del fuego y agregue las grosellas. Deja que se enfríe un poco. Extienda la masa (pasta) sobre una superficie enharinada y córtela en 16 círculos. Divide el relleno entre los círculos, luego dobla los bordes hacia el centro y cepilla con agua para que los bordes se junten. Dale la vuelta a los bizcochos y enróllalos ligeramente con un rodillo para aplanarlos un poco. Cortar tres cortes encima de cada uno, untar con leche y espolvorear con azúcar. Colocar en una bandeja engrasada y hornear en horno precalentado a 200°C hasta que se doren en 20 minutos.

Magdalenas

Hace alrededor de 12

100 g/4 oz/½ taza de mantequilla o margarina, ablandada

100 g/4 oz/½ taza de azúcar glass (súper fina).

2 huevos, ligeramente batidos

100 g/4 oz/1 taza de harina con levadura

Una pizca de sal

30 ml/2 cucharaditas de leche

Unas gotas de esencia de vainilla (extracto)

Mezcle la mantequilla o margarina y el azúcar hasta que esté espumoso. Incorpora poco a poco el huevo, alternando con la harina y la sal, luego agrega la leche y la esencia de vainilla hasta obtener una mezcla suave. Vierta en pasteles de papel (papeles para cupcakes) o panecillos engrasados (moldes para andamios) y hornee en un horno precalentado a 190°C durante 15-20 minutos, hasta que esté bien leudado y elástico al tacto.

Pasteles de hadas con glaseado de plumas

Hace 12

50 g/2 oz/¼ taza de mantequilla o margarina, ablandada

50 g/2 oz/¼ taza de azúcar glass (súper fina).

1 huevo

50 g/2 oz/½ taza de harina con levadura

100 g/4 oz/2/3 taza de azúcar en polvo (repostería).

15 ml/1 cucharada de agua tibia

Unas gotas de colorante alimentario

Mezcle la mantequilla o margarina y el azúcar hasta que esté suave y esponjosa. Incorpora poco a poco el huevo y luego agrega la harina. Dividir la masa entre 12 láminas de papel para pastel (papel azucarado) colocadas en 12 moldes para bollos (bandejas para galletas). Hornear en horno precalentado a 160°C durante 15-20 minutos, hasta que suba y esté elástico al tacto. Déjalo enfriar.

Mezcle el azúcar en polvo y el agua tibia. Colorea un tercio del glaseado con el colorante alimentario de tu elección. Unta las tartas con el glaseado blanco. El glaseado de color se dibuja en líneas sobre el pastel, luego se dibuja la punta de un cuchillo perpendicular a las líneas, primero en una dirección y luego en la otra dirección para crear un patrón ondulado. Déjalo reposar.

Fantasías genovesas

Hace 12

3 huevos, ligeramente batidos

75 g/3 oz/1/3 taza de azúcar glass (súper fina).

75 g/3 oz/¾ taza de harina con levadura

Unas gotas de esencia de vainilla (extracto)

25 g/1 oz/2 cucharadas de mantequilla o margarina, derretida y enfriada

60 ml/4 cucharadas de mermelada de albaricoque (enlatada), colada

60 ml/4 cucharadas de agua

225 g/8 oz/11/3 tazas de azúcar en polvo (repostería), tamizada

Unas gotas de colorante alimentario rosa y azul (opcional)

Decoraciones para pasteles

Coloque los huevos y el azúcar en polvo en un recipiente resistente al calor colocado sobre una olla con agua. Mezclar hasta que la mezcla se separe del batidor en forma de cintas. Agrega la harina y la esencia de vainilla, luego agrega la mantequilla o margarina. Vierta la mezcla en un molde para panecillos suizos (rollito de gelatina) de 30 x 20 cm untado con mantequilla y hornee en el horno precalentado a 190°C durante 30 minutos. Dejar enfriar y luego cortar en formas. Calentar la mermelada con 30ml/2 cucharadas de agua y esparcir sobre el bizcocho.

Tamizar el azúcar glass en un bol. Si quieres hacer el glaseado de diferentes colores, divídelo en tazones separados y haz un hueco en el medio de cada uno. Agregue gradualmente unas gotas de color y la cantidad suficiente del agua restante para mezclar hasta obtener una espuma lo suficientemente rígida. Untar sobre las tartas y decorar como se desee.

macarrones con almendras

el tendra 16

Papel de arroz

100 g/4 oz/½ taza de azúcar glass (súper fina).

50 g/2 oz/½ taza de almendras molidas

5 ml/1 cucharadita de arroz molido

Unas gotas de esencia de almendras (extracto)

1 clara de huevo

8 almendras blanqueadas cortadas por la mitad

Forrar una bandeja para horno (galleta) con papel de arroz. Mezcle todos los ingredientes excepto las almendras blanqueadas hasta obtener una masa dura y mezcle bien. Coloca cucharadas de la mezcla en la bandeja para hornear y coloca una rodaja de almendra encima de cada una. Hornee en horno precalentado a 150 °C/325 °F/termostato de gas 3 durante 25 minutos. Dejar enfriar en el molde, luego cortar o rasgar cada uno para separarlos de la hoja de papel de arroz.

macarrones de coco

el tendra 16

2 claras de huevo

150 g/5 oz/2/3 taza de azúcar glass (súper fina).

150 g/5 oz/1¼ tazas de coco desecado (rallado)

Papel de arroz

8 cerezas glacé (confitadas), cortadas por la mitad

Batir las claras hasta obtener una espuma firme. Batir el azúcar hasta que se formen picos rígidos. Agrega el coco. Coloca el papel de arroz en una bandeja para hornear (galleta) y coloca cucharadas de la mezcla sobre ella. Pon media cereza encima de cada una. Se endurece en horno precalentado a 160°C/325°F/termostato de gas 3 en 30 minutos. Dejar enfriar sobre el papel de arroz, luego cortar o rasgar cada uno para separarlos de la hoja de papel de arroz.

Macarrones de lima

Hace 12

100 g de galletas de mantequilla

60 ml/4 cucharadas de mermelada de lima

2 claras de huevo

50 g/2 oz/¼ taza de azúcar glass (súper fina).

25 g/1 oz/¼ taza de almendras molidas

10 ml/2 cucharaditas de arroz molido

5 ml/1 cucharadita de agua de azahar

Extienda la masa y úsela para forrar los lados del panecillo (molde). Colocar una cucharada de mermelada en cada funda de hojaldre (base de tarta). Batir las claras hasta obtener una espuma firme. Mezclar el azúcar hasta que esté firme y brillante. Agrega las almendras, el arroz y el agua de azahar. Vierta en el estuche, cubriendo completamente la mermelada. Hornear en horno precalentado a 180°C durante 30 minutos hasta que suba y se dore.

macarrones con avena

serán 24

175 g/6 oz/1½ tazas de copos de avena

175 g/6 oz/¾ taza de azúcar mascabado

120 ml/4 fl oz/½ taza de aceite

1 huevo

2,5 ml/½ cucharadita de sal

2,5 ml/½ cucharadita de esencia de almendras (extracto)

Mezclar la avena, el azúcar y el aceite y dejar reposar 1 hora. Incorpora el huevo, la sal y la esencia de almendras. Coloca cucharadas de la mezcla en una bandeja engrasada y hornea en horno precalentado a 160°C durante 20 minutos hasta que se doren.

magdalenas

Suma 9

100 g/4 oz/½ taza de mantequilla o margarina, ablandada

100 g/4 oz/½ taza de azúcar glass (súper fina).

2 huevos, ligeramente batidos

100 g/4 oz/1 taza de harina con levadura

175 g/6 oz/½ taza de mermelada de fresa o frambuesa (enlatada)

60 ml/4 cucharadas de agua

50 g/2 oz/½ taza de coco desecado (rallado)

5 cerezas glacé (confitadas), cortadas por la mitad

Batir la mantequilla o margarina hasta que esté espumosa, luego el azúcar. Incorpora poco a poco los huevos y luego agrega la harina. Vierta en nueve moldes de dariole (pudín de castillo) untados con mantequilla y colóquelos en una bandeja para hornear. Hornear en horno precalentado a 190°C con marca de gas 5 durante 20 minutos, hasta que estén bien leudados y dorados. Dejar enfriar en los moldes durante 5 minutos, luego desmoldar sobre una rejilla para que se enfríe por completo.

Corta la parte superior de cada pastel para formar una base plana. Colar (colar) la mermelada y llevar a ebullición en una cacerola pequeña con agua, revolviendo hasta que esté bien mezclada. Extienda el coco sobre una hoja grande de papel vegetal (encerado). Presiona una brocheta en el fondo del primer pastel, úntala con glaseado de mermelada y luego enróllala en el coco hasta que quede cubierta. Colóquelo en un plato para servir. Repita con las otras galletas. Cubra con una cereza glaseada a la mitad.

Tortas de mazapán

Hace alrededor de 12

450 g/1 lb/4 tazas de almendras molidas

100 g/4 oz/2/3 taza de azúcar en polvo (repostería), tamizada

100 g/4 oz/½ taza de azúcar glass (súper fina).

30 ml/2 cucharadas de agua

3 claras de huevo

Para el glaseado (glaseado):

100 g/4 oz/2/3 taza de azúcar en polvo (repostería), tamizada

1 clara de huevo

2,5 ml/½ cucharadita de vinagre

Mezclar todos los ingredientes del bizcocho en un sartén y calentar, revolviendo con cuidado, hasta que la pasta absorba todo el líquido. Retirar del fuego y dejar enfriar. Estirar hasta obtener 1 cm/½ de espesor sobre una superficie ligeramente enharinada y cortar en tiras de 3 cm/½. Cortar en trozos de 5 cm/2, colocar en una bandeja para hornear engrasada y hornear en el horno precalentado a 150 °C/300 °F/termostato 2 durante 20 minutos, hasta que la parte superior esté ligeramente dorada. Déjalo enfriar.

Para preparar el glaseado, mezcla poco a poco las claras y el vinagre con el azúcar glass hasta obtener una espuma suave y espesa. Unte el glaseado sobre las tortas.

Mollete

Hace 12

225 g/8 oz/2 tazas de harina común (para todo uso)

100 g/4 oz/½ taza de azúcar glass (súper fina).

10 ml/2 cucharaditas de levadura en polvo

2,5 ml/½ cucharadita de sal

1 huevo, ligeramente batido

250 ml/8 fl oz/1 taza de leche

120 ml/4 fl oz/½ taza de aceite

Mezclar la harina, el azúcar, la levadura y la sal y hacer un hueco en el medio. Licue el resto de los ingredientes y agregue los ingredientes secos hasta que se combinen. No haga sobre mezcla. Vierta en moldes para muffins (papel) o moldes para muffins (moldes) engrasados y hornee en un horno precalentado a 200°C durante 20 minutos, hasta que esté bien leudado y elástico al tacto.

Magdalenas de manzana

Hace 12

225 g/8 oz/2 tazas de harina común (para todo uso)

100 g/4 oz/½ taza de azúcar glass (súper fina).

10 ml/2 cucharaditas de levadura en polvo

2,5 ml/½ cucharadita de sal

1 huevo, ligeramente batido

250 ml/8 fl oz/1 taza de leche

120 ml/4 fl oz/½ taza de aceite

2 manzanas de mesa (de postre), peladas, sin corazón y picadas

Mezclar la harina, el azúcar, la levadura y la sal y hacer un hueco en el medio. Licue el resto de los ingredientes y agregue los ingredientes secos hasta que se combinen. No haga sobre mezcla. Vierta en moldes para muffins (papel) o moldes para muffins (moldes) engrasados y hornee en un horno precalentado a 200°C durante 20 minutos, hasta que esté bien leudado y elástico al tacto.

Muffins de banana

Hace 12

225 g/8 oz/2 tazas de harina común (para todo uso)

100 g/4 oz/½ taza de azúcar glass (súper fina).

10 ml/2 cucharaditas de levadura en polvo

2,5 ml/½ cucharadita de sal

1 huevo, ligeramente batido

250 ml/8 fl oz/1 taza de leche

120 ml/4 fl oz/½ taza de aceite

2 plátanos, triturados

Mezclar la harina, el azúcar, la levadura y la sal y hacer un hueco en el medio. Licue el resto de los ingredientes y agregue los ingredientes secos hasta que se combinen. No haga sobre mezcla. Vierta en moldes para muffins (papel) o moldes para muffins (moldes) engrasados y hornee en un horno precalentado a 200°C durante 20 minutos, hasta que esté bien leudado y elástico al tacto.

Muffins De Grosella Negra

Hace 12

225 g/8 oz/2 tazas de harina con levadura

75 g/3 oz/1/3 taza de azúcar glass (súper fina).

2 claras de huevo

75 g/3 oz de grosellas negras

200 ml/7 fl oz/menos 1 taza de leche

30 ml/2 cucharadas de aceite

Mezclar la harina y el azúcar. Batir ligeramente las claras y luego mezclarlas con los ingredientes secos. Incorpora las grosellas negras, la leche y el aceite. Vierta en moldes para muffins engrasados y hornee en un horno precalentado a 200°C durante 15-20 minutos hasta que estén dorados.

Muffins americanos de arándanos

Hace 12

150 g/5 oz/1¼ tazas de harina común (para todo uso)

75 g/3 oz/¾ taza de harina de maíz

75 g/3 oz/1/3 taza de azúcar glass (súper fina).

10 ml/2 cucharaditas de levadura en polvo

Una pizca de sal

1 huevo, ligeramente batido

75 g/3 oz/1/3 taza de mantequilla o margarina, derretida

250 ml/8 fl oz/1 taza de suero de leche

100 g/4 oz de arándanos

Mezclar la harina, la harina de maíz, el azúcar, la levadura y la sal y hacer un hueco en el medio. Agregue el huevo, la mantequilla o margarina y el suero de leche y mezcle hasta que se combinen. Agrega los arándanos o las moras. Vierta en un molde para muffins (papel) y hornee en un horno precalentado a 200 °C/400 °F/termostato 6 durante 20 minutos hasta que esté dorado y elástico al tacto.

Muffins de cereza

Hace 12

225 g/8 oz/2 tazas de harina común (para todo uso)

100 g/4 oz/½ taza de azúcar glass (súper fina).

100 g/4 oz/½ taza de cerezas glacé (confitadas)

10 ml/2 cucharaditas de levadura en polvo

2,5 ml/½ cucharadita de sal

1 huevo, ligeramente batido

250 ml/8 fl oz/1 taza de leche

120 ml/4 fl oz/½ taza de aceite

Mezclar la harina, el azúcar, las cerezas, la levadura y la sal y hacer un hueco en el medio. Licue el resto de los ingredientes y revuelva con los ingredientes secos hasta que se combinen. No haga sobre mezcla. Vierta en moldes para muffins (papel) o moldes para muffins (moldes) engrasados y hornee en un horno precalentado a 200°C durante 20 minutos, hasta que esté bien leudado y elástico al tacto.

Muffin de chocolate

10-12

175 g/6 oz/1½ tazas de harina común (para todo uso)

40 g/1½ oz/1/3 taza de cacao en polvo (chocolate sin azúcar)

100 g/4 oz/½ taza de azúcar glass (súper fina).

10 ml/2 cucharaditas de levadura en polvo

2,5 ml/½ cucharadita de sal

1 huevo grande

250 ml/8 fl oz/1 taza de leche

2,5 ml/½ cucharadita de esencia de vainilla (extracto)

120 ml/4 fl oz/½ taza de aceite de girasol o vegetal

Mezclar los ingredientes secos y hacer un hueco en el centro.
Mezclar bien el huevo, la leche, la esencia de vainilla y el aceite.
Agrega rápidamente el líquido a los ingredientes secos hasta que
estén combinados. No haga sobre mezcla; la mezcla debe quedar
grumosa. Vierta en moldes para muffins (papel) o bandejas para
hornear y hornee en el horno precalentado a 200°C/400°F/nivel
de gas 6 durante aprox. Hornee por 20 minutos, hasta que esté
bien leudado y elástico al tacto.

Muffin de chocolate

Hace 12

175 g/6 oz/1½ tazas de harina común (para todo uso)

100 g/4 oz/½ taza de azúcar glass (súper fina).

45 ml/3 cucharadas de cacao en polvo (chocolate sin azúcar).

100 g/4 oz/1 taza de chispas de chocolate

10 ml/2 cucharaditas de levadura en polvo

2,5 ml/½ cucharadita de sal

1 huevo, ligeramente batido

250 ml/8 fl oz/1 taza de leche

120 ml/4 fl oz/½ taza de aceite

2,5 ml/½ cucharadita de esencia de vainilla (extracto)

Mezclar la harina, el azúcar, el cacao, las chispas de chocolate, la levadura y la sal y hacer un hueco en el medio. Licue el resto de los ingredientes y agregue los ingredientes secos hasta que se combinen. No haga sobre mezcla. Vierta en moldes para muffins (papel) o moldes para muffins (moldes) engrasados y hornee en un horno precalentado a 200°C durante 20 minutos, hasta que esté bien leudado y elástico al tacto.

Muffins De Canela

Hace 12

225 g/8 oz/2 tazas de harina común (para todo uso)

100 g/4 oz/½ taza de azúcar glass (súper fina).

10 ml/2 cucharaditas de levadura en polvo

5 ml/1 cucharadita de canela molida

2,5 ml/½ cucharadita de sal

1 huevo, ligeramente batido

250 ml/8 fl oz/1 taza de leche

120 ml/4 fl oz/½ taza de aceite

Mezclar la harina, el azúcar, la levadura, la canela y la sal y hacer un hueco en el medio. Licue el resto de los ingredientes y agregue los ingredientes secos hasta que se combinen. No haga sobre mezcla. Vierta en moldes para muffins (papel) o moldes para muffins (moldes) engrasados y hornee en un horno precalentado a 200°C durante 20 minutos, hasta que esté bien leudado y elástico al tacto.

Muffins de harina de maíz

Hace 12

50 g/2 oz/½ taza de harina común (para todo uso)

100 g/4 oz/1 taza de harina de maíz

5 ml/1 cucharadita de levadura en polvo

1 huevo, separado

1 yema de huevo

30 ml/2 cucharadas de aceite de maíz

30 ml/2 cucharadas de leche

Mezclar la harina, la harina de maíz y el polvo para hornear. Batir la yema, el aceite y la leche hasta que estén espumosos, luego mezclar con los ingredientes secos. Batir las claras hasta obtener una espuma firme y luego incorporarlas a la masa. Vierta en moldes para muffins (papel) o moldes para muffins (moldes) engrasados y hornee en un horno precalentado a 200°C durante 20 minutos hasta que se doren.

Muffins integrales de higos

hace 10

100 g/4 oz/1 taza de harina integral (integral)

5 ml/1 cucharadita de levadura en polvo

50 g/2 oz/½ taza de copos de avena

50 g/2 oz/1/3 taza de higos secos, picados

45 ml/3 cucharadas de aceite

75 ml/5 cucharadas de leche

15 ml/1 cucharada de melaza (melaza)

1 huevo, ligeramente batido

Mezcle la harina, el polvo para hornear y la avena, luego agregue los higos. Mezcle el aceite, la leche y la melaza, luego agregue el huevo a los ingredientes secos y mezcle hasta obtener una masa firme. Colocar cucharadas de la mezcla en moldes para muffins (papel) o moldes para muffins (moldes) engrasados y hornear en el horno precalentado a 190°C durante aprox. Se doran en 20 minutos.

Muffins de frutas y salvado

Hace 8

100 g/4 oz/1 taza de cereal integral con salvado

50 g/2 oz/½ taza de harina común (para todo uso)

2,5 ml/½ cucharadita de levadura en polvo

5 ml/1 cucharadita de bicarbonato de sodio (bicarbonato de sodio)

5 ml/1 cucharadita de especias molidas mixtas (tarta de manzana)

50 g/2 oz/1/3 taza de pasas

100 g/4 oz/1 taza de puré de manzana (salsa)

5 ml/1 cucharadita de esencia de vainilla (extracto)

30 ml/2 cucharadas de leche

Mezclar los ingredientes secos y hacer un hueco en el centro. Agrega las pasas, el puré de manzana, la esencia de vainilla y suficiente leche para hacer una mezcla suave. Vierta en moldes para muffins (papel) o moldes para muffins (moldes) engrasados y hornee en un horno precalentado a 200°C durante 20 minutos, hasta que esté bien leudado y dorado.

Muffins De Avena

hace 20

100 g/4 oz/1 taza de avena

100 g/4 oz/1 taza de avena

225 g/8 oz/2 tazas de harina integral (integral)

10 ml/2 cucharaditas de levadura en polvo

50 g/2 oz/1/3 taza de pasas (opcional)

375 ml/13 fl oz/1½ tazas de leche

10 ml/2 cucharaditas de aceite

2 claras de huevo

Mezcle la avena, la harina y el polvo para hornear y, si lo usa, agregue las pasas. Agrega la leche y el aceite. Batir las claras hasta obtener una espuma firme y luego incorporarlas a la masa. Vierta en moldes para muffins (papel) o moldes para muffins (moldes) engrasados y hornee en un horno precalentado a 190°C durante 25 minutos hasta que se doren.

Muffins De Avena Y Frutas

hace 10

100 g/4 oz/1 taza de harina integral (integral)

100 g/4 oz/1 taza de avena

15 ml/1 cucharada de levadura en polvo

100 g/4 oz/2/3 taza de pasas (pasas doradas)

50 g/2 oz/½ taza de nueces mixtas picadas

1 manzana para comer (de postre), pelada, sin corazón y rallada

45 ml/3 cucharadas de aceite

30 ml/2 cucharadas de miel pura

15 ml/1 cucharada de melaza (melaza)

1 huevo, ligeramente batido

90 ml/6 cucharadas de leche

Mezclar la harina, la avena y el polvo para hornear. Agrega las pasas, las nueces y las manzanas. Calienta el aceite, la miel y la melaza hasta que se derrita, luego mezcla con el huevo y suficiente leche para obtener una consistencia suave y goteante. Vierta en moldes para muffins (papel) o moldes para muffins (moldes) engrasados y hornee en un horno precalentado a 190°C durante 25 minutos hasta que se doren.

Muffins De Naranja

Hace 12

100 g/4 oz/1 taza de harina con levadura

100 g/4 oz/½ taza de azúcar moreno suave

1 huevo, ligeramente batido

120 ml/4 fl oz/½ taza de jugo de naranja

60 ml/4 cucharadas de aceite

2,5 ml/½ cucharadita de esencia de vainilla (extracto)

25 g/1 oz/2 cucharadas de mantequilla o margarina

30 ml/2 cucharadas de harina común (para todo uso)

2,5 ml/½ cucharadita de canela molida

En un bol mezclar la harina con levadura y la mitad del azúcar. Mezcle el huevo, el jugo de naranja, el aceite y la esencia de vainilla, luego agregue los ingredientes secos. No haga sobre mezcla. Vierta en moldes para muffins (papel) o en moldes para muffins (moldes) engrasados y hornee en un horno precalentado a 200°C durante 10 minutos.

Mientras tanto, frote la mantequilla o margarina para el aderezo con la harina común y luego agregue el resto del azúcar y la canela. Espolvorea sobre los muffins y regresa al horno por otros 5 minutos hasta que se doren.

Muffins de durazno

Hace 12

225 g/8 oz/2 tazas de harina común (para todo uso)

100 g/4 oz/½ taza de azúcar glass (súper fina).

10 ml/2 cucharaditas de levadura en polvo

2,5 ml/½ cucharadita de sal

1 huevo, ligeramente batido

175 ml/6 fl oz/¾ taza de leche

120 ml/4 fl oz/½ taza de aceite

200 g/7 oz/1 lata pequeña de duraznos, escurridos y picados

Mezclar la harina, el azúcar, la levadura y la sal y hacer un hueco en el medio. Licue el resto de los ingredientes y agregue los ingredientes secos hasta que se combinen. No haga sobre mezcla. Vierta en moldes para muffins (papel) o moldes para muffins (moldes) engrasados y hornee en un horno precalentado a 200°C durante 20 minutos, hasta que esté bien leudado y elástico al tacto.

Muffins de mantequilla de maní

Hace 12

225 g/8 oz/2 tazas de harina común (para todo uso)

100 g/4 oz/½ taza de azúcar moreno suave

10 ml/2 cucharaditas de levadura en polvo

2,5 ml/½ cucharadita de sal

1 huevo, ligeramente batido

250 ml/8 fl oz/1 taza de leche

120 ml/4 fl oz/½ taza de aceite

45 ml/3 cucharadas de mantequilla de maní

Mezclar la harina, el azúcar, la levadura y la sal y hacer un hueco en el medio. Licue el resto de los ingredientes y agregue los ingredientes secos hasta que se combinen. No haga sobre mezcla. Vierta en moldes para muffins (papel) o moldes para muffins (moldes) engrasados y hornee en un horno precalentado a 200°C durante 20 minutos, hasta que esté bien leudado y elástico al tacto.

Muffins De Piña

Hace 12

225 g/8 oz/2 tazas de harina común (para todo uso)

100 g/4 oz/½ taza de azúcar moreno suave

10 ml/2 cucharaditas de levadura en polvo

2,5 ml/½ cucharadita de sal

1 huevo, ligeramente batido

175 ml/6 fl oz/¾ taza de leche

120 ml/4 fl oz/½ taza de aceite

200 g/7 oz/1 lata pequeña de piña, escurrida y picada

30ml/2 cucharadas de azúcar demerara

Mezclar la harina, el azúcar moreno blando, la levadura en polvo y la sal y hacer un hueco en el medio. Combine todos los demás ingredientes excepto el azúcar demerara y revuelva con los ingredientes secos hasta que se combinen. No haga sobre mezcla. Vierta en moldes para muffins (papel) o en moldes para muffins (moldes) engrasados y espolvoree con azúcar demerara. Hornear en horno precalentado a 200°C durante 20 minutos, hasta que esté bien leudado y elástico al tacto.

Muffins de frambuesa

Hace 12

225 g/8 oz/2 tazas de harina común (para todo uso)

100 g/4 oz/½ taza de azúcar glass (súper fina).

10 ml/2 cucharaditas de levadura en polvo

2,5 ml/½ cucharadita de sal

200 g/7 oz de frambuesas

1 huevo, ligeramente batido

250 ml/8 fl oz/1 taza de leche

120 ml/4 fl oz/½ taza de aceite vegetal

Mezclar la harina, el azúcar, la levadura y la sal. Agrega las frambuesas y haz un hueco en el medio. Mezclar los huevos, la leche y el aceite y verter sobre los ingredientes secos. Mezcle suavemente hasta que se incorporen todos los ingredientes secos pero la mezcla aún tenga grumos. No lo golpees demasiado. Vierta la mezcla en moldes para muffins (papel) o moldes para muffins engrasados (bandeja para hornear) y hornee en un horno precalentado a 200 °C/400 °F/termostato 6 durante 20 minutos, hasta que esté bien leudado y elástico al tacto.

Muffins de frambuesa y limón

Hace 12

175 g/6 oz/1½ tazas de harina común (para todo uso)

50 g/2 oz/¼ taza de azúcar granulada

50 g/2 oz/¼ taza de azúcar moreno suave

10 ml/2 cucharaditas de levadura en polvo

5 ml/1 cucharadita de canela molida

Una pizca de sal

1 huevo, ligeramente batido

100 g/4 oz/½ taza de mantequilla o margarina, derretida

120 ml/4 fl oz/½ taza de leche

100 g/4 oz de frambuesas frescas

10 ml/2 cucharadita de piel de limón rallada

Para la cobertura:

75 g/3 oz/½ taza de azúcar en polvo (repostería), tamizada

15 ml/1 cucharada de zumo de limón

Mezclar en un bol la harina, el azúcar granulada, el azúcar moreno, la levadura en polvo, la canela y la sal y hacer un hueco en el medio. Agrega el huevo, la mantequilla o margarina y la leche y licúa hasta que se combinen los ingredientes. Agrega las frambuesas y la ralladura de limón. Vierta en moldes para muffins (papel) o en moldes para muffins engrasados (bandeja para hornear) y hornee en un horno precalentado a 180°C/350°F/termostato 4 durante 20 minutos hasta que esté dorado y elástico al tacto. Mezcle azúcar en polvo y jugo de limón para cubrir y rocíe sobre los muffins calientes.

Muffins De Sultana

Hace 12

225 g/8 oz/2 tazas de harina común (para todo uso)

100 g/4 oz/½ taza de azúcar glass (súper fina).

100 g/4 oz/2/3 taza de pasas (pasas doradas)

10 ml/2 cucharaditas de levadura en polvo

5 ml/1 cucharadita de especias molidas mixtas (tarta de manzana)

2,5 ml/½ cucharadita de sal

1 huevo, ligeramente batido

250 ml/8 fl oz/1 taza de leche

120 ml/4 fl oz/½ taza de aceite

Mezclar la harina, el azúcar, las pasas, el polvo para hornear, las especias y la sal y hacer un hueco en el medio. Mezcle el resto de los ingredientes hasta que estén combinados. Vierta en moldes para muffins (papel) o moldes para muffins (moldes) engrasados y hornee en un horno precalentado a 200°C durante 20 minutos, hasta que esté bien leudado y elástico al tacto.

Muffins De Pechuga

Hace 12

225 g/8 oz/2 tazas de harina común (para todo uso)

100 g/4 oz/½ taza de azúcar moreno suave

10 ml/2 cucharaditas de levadura en polvo

2,5 ml/½ cucharadita de sal

1 huevo, ligeramente batido

175 ml/6 fl oz/¾ taza de leche

60 ml/4 cucharadas de melaza negra (melaza)

120 ml/4 fl oz/½ taza de aceite

Mezclar la harina, el azúcar, la levadura y la sal y hacer un hueco en el medio. Mezcle el resto de los ingredientes hasta que estén combinados. No haga sobre mezcla. Vierta en moldes para muffins (papel) o moldes para muffins (moldes) engrasados y hornee en un horno precalentado a 200°C durante 20 minutos, hasta que esté bien leudado y elástico al tacto.

Muffins de avena y pescado con melaza

hace 10

100 g/4 oz/1 taza de harina común (para todo uso)

175 g/6 oz/1½ tazas de copos de avena

100 g/4 oz/½ taza de azúcar moreno suave

15 ml/1 cucharada de levadura en polvo

5 ml/1 cucharadita de canela molida

2,5 ml/½ cucharadita de sal

1 huevo, ligeramente batido

120 ml/4 fl oz/½ taza de leche

60 ml/4 cucharadas de melaza negra (melaza)

75 ml/5 cucharadas de aceite

Mezclar la harina, la avena, el azúcar, el polvo para hornear, la canela y la sal y hacer un hueco en el medio. Combine el resto de los ingredientes, luego agregue los ingredientes secos hasta que estén completamente combinados. No haga sobre mezcla. Vierta en moldes para muffins (papel) o moldes para muffins (moldes) engrasados y hornee en un horno precalentado a 200°C durante 15 minutos, hasta que esté bien leudado y elástico al tacto.

Tostadas De Avena

Hace 8

225 g/8 oz/2 tazas de copos de avena

100 g/4 oz/1 taza de harina integral (integral)

5 ml/1 cucharadita de sal

5 ml/1 cucharadita de levadura en polvo

50 g/2 oz/¼ taza de manteca de cerdo (manteca vegetal)

30 ml/2 cucharadas de agua fría

Mezcle los ingredientes secos y luego frote con la manteca de cerdo hasta que la mezcla parezca pan rallado. Agrega suficiente agua para hacer una masa firme. Sobre una superficie ligeramente enharinada, extiéndela formando un círculo de 18 cm y córtala en ocho rodajas. Colocar en una bandeja engrasada y hornear en horno precalentado a 180°C durante 25 minutos. Servir con mantequilla, mermelada o mermelada.

Bizcochos de fresa

el tendra 18

5 yemas de huevo

75 g/3 oz/1/3 taza de azúcar glass (súper fina).

Una pizca de sal

Ralladura de ½ limón

4 claras de huevo

40 g/1½ oz/1/3 taza de harina de maíz (maicena)

40 g/1½ oz/1/3 taza de harina común (para todo uso)

40 g/1½ oz/3 cucharadas de mantequilla o margarina, derretida

300 ml/½ pt/1¼ taza de crema batida

225 g/8 onzas de fresas

Azúcar en polvo (dulce de confitería) sobre un colador, para espolvorear

Batir las yemas de los huevos con 25 g de azúcar glass hasta que estén espumosas y espesas, luego mezclar con la sal y la piel de limón hasta que estén espumosas. Batir las claras hasta que estén firmes, luego agregar el azúcar glass restante y continuar batiendo hasta que estén firmes y brillantes. Incorpora la yema de huevo, luego agrega la harina de maíz y la harina. Agregue la mantequilla o margarina derretida. Transfiera la mezcla a una manga pastelera equipada con una boquilla plana (punta) de 1 cm/½ y forme círculos de 15 cm/6 sobre una bandeja para hornear engrasada y forrada. Hornee en horno precalentado a 220°C durante 10 minutos, hasta que se dore pero no se dore. Déjalo enfriar.

Batir la nata hasta obtener una espuma firme. Extiende una fina capa sobre la mitad de cada círculo, coloca las fresas encima y termina con nata. Dobla la mitad superior de la "tortilla". Espolvorea con azúcar glass y sirve.

galletas de menta

Hace 12

100 g/4 oz/½ taza de mantequilla o margarina, ablandada

100 g/4 oz/½ taza de azúcar glass (súper fina).

2 huevos, ligeramente batidos

75 g/3 oz/¾ taza de harina con levadura

10 ml/2 cucharaditas de cacao en polvo (chocolate sin azúcar).

Una pizca de sal

225 g/8 oz/11/3 tazas de azúcar en polvo (repostería), tamizada

30 ml/2 cucharadas de agua

Unas gotas de colorante verde

Unas gotas de esencia de menta (extracto)

Menta chocolateada, cortada por la mitad, para decorar

Mezcle la mantequilla o margarina y el azúcar hasta que esté espumoso, luego agregue gradualmente los huevos. Incorpora la harina, el cacao y la sal. Vierta en moldes para panecillos engrasados (moldes para pasteles) y hornee en un horno precalentado a 200 ° C / 400 ° F / marca de gas 6 durante 10 minutos, hasta que esté elástico al tacto. Déjalo enfriar.

Tamizar el azúcar glass en un bol y mezclar con 15 ml/1 cucharada de agua, luego agregar colorante alimentario y esencia de menta al gusto. Agregue más agua si es necesario para obtener una consistencia que cubra el dorso de una cuchara. Unte el glaseado encima de los pasteles y decore con chocolate y menta.

tortas de pasas

Hace 12

175 g/6 oz/1 taza de pasas

250 ml/8 fl oz/1 taza de agua

5 ml/1 cucharadita de bicarbonato de sodio (bicarbonato de sodio)

100 g/4 oz/½ taza de mantequilla o margarina, ablandada

100 g/4 oz/½ taza de azúcar moreno suave

1 huevo batido

5 ml/1 cucharadita de esencia de vainilla (extracto)

200 g/7 oz/1¾ tazas de harina común (para todo uso)

5 ml/1 cucharadita de levadura en polvo

Una pizca de sal

Hierva las pasas, el agua y el bicarbonato de sodio en una cacerola, luego cocine a fuego lento durante 3 minutos. Déjalo enfriar hasta que esté tibio. Mezcle la mantequilla o margarina y el azúcar hasta que esté suave y esponjosa. Incorpora poco a poco el huevo y la esencia de vainilla. Mézclalo con la mezcla de pasas, luego agrega la harina, el polvo para hornear y la sal. Vierta la mezcla en moldes para muffins (papel) o moldes para muffins (moldes) engrasados y hornee en un horno precalentado a 180 °C durante 12-15 minutos, hasta que esté bien leudado y dorado.

Racimos de pasas

serán 24

225 g/8 oz/2 tazas de harina común (para todo uso)

Una pizca de especias molidas mixtas (tarta de manzana)

5 ml/1 cucharadita de bicarbonato de sodio (bicarbonato de sodio)

225 g/8 oz/1 taza de azúcar glass (súper fina).

45 ml/3 cucharadas de almendras molidas

225 g/8 oz/1 taza de mantequilla o margarina, derretida

45 ml/3 cucharadas de pasas

1 huevo, ligeramente batido

Mezcle los ingredientes secos, luego agregue la mantequilla o margarina derretida, luego las pasas y el huevo. Mezclar bien hasta obtener una masa dura. Estirar sobre una superficie ligeramente enharinada durante aprox. 5 mm/¼ de espesor y córtela en tiras de 5 mm x 20 cm/¼ x 8 pulgadas. Moja ligeramente la superficie superior con un poco de agua, luego enrolla cada tira empezando por el extremo más corto. Colocar en una bandeja engrasada y hornear en horno precalentado a 200°C durante 15 minutos hasta que se doren.

bollo de frambuesa

Rinde 12 bollos

225 g/8 oz/2 tazas de harina común (para todo uso)

7,5 ml/½ cucharada de levadura en polvo

2,5 ml/½ cucharadita de especias molidas mixtas (tarta de manzana)

Una pizca de sal

75 g/3 oz/1/3 taza de mantequilla o margarina

75 g/3 oz/1/3 taza de azúcar en polvo (súper fina) más para espolvorear

1 huevo

60 ml/4 cucharadas de leche

60 ml/4 cucharadas de mermelada de frambuesa (enlatada)

Mezcle la harina, el polvo para hornear, las especias y la sal, luego frote con la mantequilla o margarina hasta obtener pan rallado. Agrega el azúcar. Incorpora el huevo y suficiente leche para hacer una masa firme. Dividir en 12 bolas y colocar en una bandeja para hornear engrasada. Haz un agujero en el centro de cada uno con el dedo y vierte un poco de mermelada de frambuesa. Unte con leche y espolvoree con azúcar en polvo. Hornear en horno precalentado a 220°C hasta que se doren en 10-15 minutos. Si es necesario ponemos un poco más de mermelada por encima.

Tortitas de arroz integral y girasol

Hace 12

75 g/3 oz/¾ taza de arroz integral cocido

50 g/2 oz/½ taza de semillas de girasol

25 g/1 oz/¼ taza de semillas de sésamo

40 g de pasas

40 g/1½ oz/¼ taza de cerezas glaseadas (confitadas), en cuartos

25 g/1 oz/2 cucharadas de azúcar moreno suave

15 ml/1 cucharada de miel pura

75 g/3 oz/1/3 taza de mantequilla o margarina

5 ml/1 cucharadita de jugo de limón

Mezclar el arroz, las semillas y la fruta. Derrita el azúcar, la miel, la mantequilla o margarina y el jugo de limón y agregue la mezcla de arroz. Vierta en 12 moldes para pasteles y hornee en un horno precalentado a 200°C durante 15 minutos.

Torta con frutas secas

Hace 12

225 g/8 oz/2 tazas de harina común (para todo uso)

Una pizca de sal

10 ml/2 cucharaditas de levadura en polvo

50 g/2 oz/¼ taza de mantequilla o margarina

50 g/2 oz/¼ taza de manteca de cerdo (manteca vegetal)

100 g/4 oz/2/3 taza de mezcla de frutas secas (mezcla para pastel de frutas)

100 g/4 oz/½ taza de azúcar demerara

Ralladura de ½ limón

1 huevo

15-30 ml/1-2 cucharadas de leche

Mezcle la harina, la sal y el polvo para hornear, luego agregue la mantequilla o margarina y la grasa hasta que la mezcla parezca pan rallado. Agrega la fruta, el azúcar y la ralladura de limón. Batir los huevos con 15 ml/1 cucharada de leche, añadir a los ingredientes secos y mezclar hasta obtener una masa firme, añadiendo más leche si es necesario. Coloque pequeños montones de la mezcla en una bandeja engrasada y hornee en un horno precalentado a 200°C/400°F/termostato 6 durante 15-20 minutos hasta que se doren.

Tortitas de Roca sin Azúcar

Hace 12

75 g/3 oz/1/3 taza de mantequilla o margarina

175 g/6 oz/1¼ tazas de harina integral (integral)

50 g/2 oz/½ taza de avena

10 ml/2 cucharaditas de levadura en polvo

5 ml/1 cucharadita de canela molida

100 g/4 oz/2/3 taza de pasas (pasas doradas)

Ralladura de 1 limón

1 huevo, ligeramente batido

90 ml/6 cucharadas de leche

Frote la mantequilla o margarina con la harina, el polvo para hornear y la canela hasta que la mezcla parezca pan rallado. Agrega las pasas y la ralladura de limón. Agrega el huevo y suficiente leche para hacer una masa suave. Coloca las cucharas en una bandeja engrasada y hornea en el horno precalentado a 200°C durante 15-20 minutos hasta que estén doradas.

Tortitas de azafrán

Hace 12

Una pizca de azafrán molido

75 ml/5 cucharadas de agua hirviendo

75 ml/5 cucharadas de agua fría

100 g/4 oz/½ taza de mantequilla o margarina, ablandada

225 g/8 oz/1 taza de azúcar glass (súper fina).

2 huevos, ligeramente batidos

225 g/8 oz/2 tazas de harina común (para todo uso)

10 ml/2 cucharaditas de levadura en polvo

2,5 ml/½ cucharadita de sal

175 g/6 oz/1 taza de pasas (pasas doradas)

175 g/6 oz/1 taza de cáscara mixta (confitada) picada

Remojar el azafrán en agua hirviendo durante 30 minutos y luego añadir el agua fría. Mezcle la mantequilla o margarina y el azúcar hasta que esté espumoso, luego agregue gradualmente los huevos. Mezclar la harina con la levadura y la sal, luego mezclar 50 g de la mezcla de harina con las pasas y la piel mezclada. Mezcle la harina alternativamente con el agua de azafrán con la masa de crema, luego agregue la fruta. Vierta en moldes para muffins (papel) o en moldes para muffins (moldes) engrasados y enharinados y hornee en el horno precalentado a 190°C, temperatura 5, durante aprox. Hornear durante 15 minutos hasta que esté elástico al tacto.

Bebés de ron

Hace 8

100 g/4 oz/1 taza de harina fuerte (para pan)

5 ml/1 cucharadita de levadura seca fácil de mezclar

Una pizca de sal

45 ml/3 cucharadas de leche tibia

2 huevos, ligeramente batidos

50 g/2 oz/¼ taza de mantequilla o margarina, derretida

25 g/1 oz/3 cucharadas de grosellas

Para el almíbar:
250 ml/8 fl oz/1 taza de agua

75 g/3 oz/1/3 taza de azúcar granulada

20 ml/4 cucharaditas de jugo de limón

60 ml/4 cucharadas de ron

Para el glaseado y decoración:
60 ml/4 cucharadas de mermelada de albaricoque (enlatada), colada

15 ml/1 cucharada de agua

150 ml/¼ pt/2/3 taza de crema para batir o crema doble (espesa)

4 cerezas glacé (confitadas), cortadas por la mitad

Unas tiras de angélica cortadas en triángulos.

Mezclar la harina, la levadura y la sal en un bol y hacer un hueco en el medio. Mezclar la leche, el huevo y la mantequilla o margarina, luego mezclar con la harina hasta formar una masa suave. Agrega las grosellas. Vierta la mezcla en ocho moldes circulares separados, engrasados y enharinados, de modo que solo llene un tercio de los moldes. Cubrir con papel de aluminio engrasado (film plástico) y dejar en un lugar cálido durante 30 minutos hasta que la masa suba a la parte superior de los moldes. Hornear en horno precalentado a 200°C hasta que se doren en 15 minutos. Voltee los moldes y déjelos enfriar durante 10 minutos, luego retire los pasteles de los moldes y colóquelos en un tazón grande y poco profundo. Pínchalo todo con un tenedor.

Para preparar el almíbar, calienta el agua, el azúcar y el jugo de limón a fuego lento, revolviendo hasta que el azúcar se disuelva. Subir el fuego y llevar a ebullición. Retirar del fuego y agregar el ron. Vierta el almíbar caliente sobre los pasteles y déjelo absorber durante 40 minutos.

Calienta la mermelada y el agua a fuego lento hasta que estén bien mezclados. Engrasar a los bebés y disponerlos en un plato. Montar la nata y hornearla en el centro de cada bizcocho. Adorne con cerezas y raíz de angélica.

Tartas con bolas de bizcocho

serán 24

5 yemas de huevo

75 g/3 oz/1/3 taza de azúcar glass (súper fina).

7 claras de huevo

75 g/3 oz/¾ taza de harina de maíz (maicena)

50 g/2 oz/½ taza de harina común (para todo uso)

Batir las yemas con 15 ml/1 cucharada de azúcar hasta que estén espumosas y espesas. Batir las claras a punto de nieve y luego batir el azúcar restante a punto de nieve. Agrega la harina de maíz con una cuchara de metal. Incorpora la mitad de las yemas de huevo a las claras con una cuchara de metal y luego incorpora también las yemas restantes. Agrega la harina con mucho cuidado. Transfiera la mezcla a una manga pastelera equipada con una boquilla (punta) lisa de 2,5 cm/1 y forme tortas redondas, bien espaciadas, sobre una bandeja para hornear engrasada y forrada. Hornee en un horno precalentado a 200 °C/400 °F/marca de gas 6 durante 5 minutos, luego reduzca la temperatura del horno a 180 °C/350 °F/marca de gas 4 durante 10 minutos más, hasta que esté dorado y elástico. tocar.

Bizcocho de chocolate

Hace 12

5 yemas de huevo

75 g/3 oz/1/3 taza de azúcar glass (súper fina).

7 claras de huevo

75 g/3 oz/¾ taza de harina de maíz (maicena)

50 g/2 oz/½ taza de harina común (para todo uso)

60 ml/4 cucharadas de mermelada de albaricoque (enlatada), colada

30 ml/2 cucharadas de agua

1 cantidad de glaseado de chocolate hervido

150 ml/¼ pt/2/3 taza de crema para batir

Batir las yemas con 15 ml/1 cucharada de azúcar hasta que estén espumosas y espesas. Batir las claras a punto de nieve y luego batir el azúcar restante a punto de nieve. Agrega la harina de maíz con una cuchara de metal. Incorpora la mitad de las yemas de huevo a las claras con una cuchara de metal y luego incorpora también las yemas restantes. Agrega la harina con mucho cuidado. Transfiera la mezcla a una manga pastelera equipada con una boquilla (punta) lisa de 2,5 cm/1 y forme tortas redondas, bien espaciadas, sobre una bandeja para hornear engrasada y forrada. Hornee en un horno precalentado a 200 °C/400 °F/marca de gas 6 durante 5 minutos, luego reduzca la temperatura del horno a 180 °C/350 °F/marca de gas 4 durante 10 minutos más, hasta que esté dorado y elástico. tocar. Mover a la cuadrícula.

Hervir la mermelada y el agua hasta que espese y esté bien mezclado, luego esparcir sobre la parte superior de los pasteles. Déjalo enfriar. Sumerge los bizcochos en el glaseado de chocolate y déjalos enfriar. Batir la nata hasta obtener una espuma firme y luego hacer pares de sándwiches con la nata.

bolas de nieve de verano

serán 24

100 g/4 oz/½ taza de mantequilla o margarina, ablandada

100 g/4 oz/½ taza de azúcar glass (súper fina).

5 ml/1 cucharadita de esencia de vainilla (extracto)

2 huevos, ligeramente batidos

225 g/8 oz/2 tazas de harina con levadura

120 ml/4 fl oz/½ taza de leche

120 ml/4 fl oz/½ taza de crema doble (espesa)

25 g/1 oz/3 cucharadas de azúcar en polvo (de repostería) tamizada

60 ml/4 cucharadas de mermelada de albaricoque (enlatada), colada

30 ml/2 cucharadas de agua

150 g/5 oz/1¼ tazas de coco desecado (rallado)

Mezcle la mantequilla o margarina y el azúcar hasta que esté espumoso. Agrega poco a poco la esencia de vainilla y el huevo, luego agrega la harina, alternando con la leche. Vierta la mezcla en moldes para muffins engrasados y hornee en un horno precalentado a 180 °C/350 °F/termostato 4 durante 15 minutos, hasta que esté bien leudado y elástico al tacto. Colocar sobre una rejilla para enfriar. Corta la parte superior de los muffins.

Batir la nata y el azúcar glass hasta que estén firmes, luego verter un poco encima de cada muffin y volver a tapar. Calentar la mermelada con agua hasta que se mezcle, luego esparcir sobre los muffins y espolvorear generosamente con coco rallado.

Gotas de esponja

Hace 12

3 huevos batidos

100 g/4 oz/½ taza de azúcar glass (súper fina).

2,5 ml/½ cucharadita de esencia de vainilla (extracto)

100 g/4 oz/1 taza de harina común (para todo uso)

5 ml/1 cucharadita de levadura en polvo

100 g/4 oz/1/3 taza de mermelada de frambuesa (enlatada)

150 ml/¼ pt/2/3 taza de crema doble (espesa), batida

Azúcar en polvo (dulce de confitería) sobre un colador, para espolvorear

Coloque los huevos, el azúcar en polvo y la esencia de vainilla en un recipiente resistente al calor colocado sobre agua hirviendo y bata hasta que espese. Retire el bol del molde y agregue la harina y el polvo para hornear. Coloca cucharadas pequeñas de la mezcla en una bandeja engrasada y hornea en horno precalentado a 190°C hasta que se doren en 10 minutos. Colocar sobre una rejilla y dejar enfriar. Mezcle las gotas con mermelada y crema en un sándwich y luego sirva espolvoreadas con azúcar en polvo.

merengue basico

6-8

2 claras de huevo

100 g/4 oz/½ taza de azúcar glass (súper fina).

Batir las claras en un bol limpio y sin grasa hasta que se formen picos suaves. Agrega la mitad del azúcar y continúa batiendo hasta que se formen picos rígidos. Agrega suavemente el azúcar restante con una cuchara de metal. Forrar una bandeja con papel de horno y colocar encima de 6 a 8 merengues. Seque el merengue en el horno a la temperatura más baja posible durante 2-3 horas. Dejar enfriar sobre una rejilla.

merengue de almendras

Hace 12

2 claras de huevo

100 g/4 oz/½ azúcar en polvo (súper fina).

100 g/4 oz/1 taza de almendras molidas

Unas gotas de esencia de almendras (extracto)

12 medias almendras para decorar

Batir las claras hasta obtener una espuma firme. Agrega la mitad del azúcar y continúa batiendo hasta que se formen picos rígidos. Agrega el azúcar restante, las almendras molidas y la esencia de almendras. Saque la masa en 12 círculos en un molde engrasado y forrado y coloque una mitad de almendra encima de cada uno. Hornee en un horno precalentado a 130°C/250°F/marca de gas ½ durante 2-3 horas hasta que esté crujiente.

Galletas españolas de merengue de almendras

el tendra 16

225 g/8 oz/1 taza de azúcar granulada

225 g/8 oz/2 tazas de almendras molidas

1 clara de huevo

100 g/4 oz/1 taza de almendras enteras

Batir el azúcar, las almendras molidas y las claras hasta obtener una masa suave. Forma una bola con la masa y alísala con un rodillo. Cortar en cubos pequeños y colocar en una bandeja para hornear engrasada. Presione una almendra entera en el centro de cada galleta (pastel). Hornee en horno precalentado a 160 °C/325 °F/termostato de gas 3 durante 15 minutos.

Cestas Merengue Cuite

Suma 6

4 claras de huevo

225–250 g/8–9 oz/11/3–1½ tazas de azúcar en polvo (azúcar glas), tamizada

Unas gotas de esencia de vainilla (extracto)

Batir las claras en un bol limpio, sin grasa y resistente al calor hasta que estén espumosas, luego incorporar poco a poco el azúcar glass y luego la esencia de vainilla. Coloque el recipiente sobre una cacerola con agua hirviendo a fuego lento y revuelva hasta que el merengue mantenga su forma y deje un rastro espeso cuando se levante el batidor. Forrar una bandeja de horno con papel de horno y dibujar seis círculos de 7,5 cm/3 sobre el papel. Usando la mitad de la mezcla de merengue, vierta una capa de merengue en cada círculo. Coloca las sobras en una manga pastelera y coloca dos capas de merengue alrededor del borde de cada base. Secar en horno precalentado a 150°C/300°F/termostato de gas 2 durante unos 45 minutos.

Almendra crujiente

hace 10

2 claras de huevo

100 g/4 oz/½ taza de azúcar glass (súper fina).

75 g/3 oz/¾ taza de almendras molidas

25 g/1 oz/2 cucharadas de mantequilla o margarina, ablandada

50 g/2 oz/1/3 taza de azúcar en polvo (azúcar glas), tamizada

10 ml/2 cucharaditas de cacao en polvo (chocolate sin azúcar).

50 g/2 oz/½ taza de chocolate natural (semidulce), derretido

Batir las claras hasta obtener una espuma firme. Mezclar el azúcar glass poco a poco hasta que esté espumoso. Incorpora las almendras molidas. Con una boquilla (punta) de 1 cm/½, coloque la mezcla en tramos de 5 cm/2 sobre una bandeja para hornear ligeramente engrasada. Hornee en un horno precalentado a 140°C/275°F/termostato de gas 1 durante 1-1,5 horas. Déjalo enfriar.

Mezclar la mantequilla o margarina, el azúcar glass y el cacao hasta que esté espumoso. Sándwich de par de bizcochos (cookies) con el relleno. Derretir el chocolate en un recipiente resistente al calor sobre agua ligeramente hirviendo. Sumergir los extremos del merengue en el chocolate y dejar enfriar sobre una rejilla.

Merengue español de almendras y limón

Hace 30

150 g/5 oz/1¼ tazas de almendras blanqueadas

2 claras de huevo

Ralladura de ½ limón

200 g/7 oz/menos de 1 taza de azúcar en polvo (superfina).

10 ml/2 cucharaditas de jugo de limón

Hornea las almendras en el horno precalentado a 150°C/300°F/nivel de gas 2 durante aprox. Freír hasta que estén doradas y aromáticas en 30 minutos. Pica un tercio de las nueces y muele finamente el resto.

Batir las claras hasta obtener una espuma firme. Agrega la piel de limón y dos tercios del azúcar. Agrega el jugo de limón y mezcla hasta que esté firme y brillante. Agregue el azúcar restante y las almendras molidas. Agrega las almendras picadas. Coloque el merengue en una bandeja para hornear engrasada y forrada con papel de aluminio y colóquelo en el horno precalentado. Reduzca inmediatamente la temperatura del horno a 110 °C/225 °F/marca de gas ¼ y hornee durante aprox. Hornee durante 1½ horas hasta que se seque.

Merengue recubierto de chocolate

Hace 4

2 claras de huevo

100 g/4 oz/½ taza de azúcar glass (súper fina).

100 g/4 oz/1 taza de chocolate natural (semidulce)

150 ml/¼ pt/2/3 taza de crema doble (espesa), batida

Batir las claras en un bol limpio y sin grasa hasta que se formen picos suaves. Agrega la mitad del azúcar y continúa batiendo hasta que se formen picos rígidos. Agrega suavemente el azúcar restante con una cuchara de metal. Forrar una bandeja con papel de horno y colocar sobre ella ocho merengues. Seque el merengue en el horno a la temperatura más baja posible durante 2-3 horas. Dejar enfriar sobre una rejilla.

Derrita el chocolate en un recipiente resistente al calor colocado sobre agua ligeramente hirviendo. Deja que se enfríe un poco. Sumerge con cuidado cuatro de los merengues en el chocolate para cubrir el exterior. Dejar reposar sobre papel vegetal (encerado) hasta que cuaje. Sandwich un merengue cubierto de chocolate y un merengue simple con la crema, luego repita con el otro merengue.

Merengue de chocolate y menta

el tendra 18

3 claras de huevo

100 g/4 oz/½ taza de azúcar glass (súper fina).

75 g/3 oz/¾ taza de mentas cubiertas de chocolate picadas

Batir las claras hasta obtener una espuma firme. Incorpora poco a poco el azúcar hasta que las claras estén firmes y brillantes. Agrega la menta picada. Colocar cucharadas pequeñas de la mezcla en una bandeja de horno engrasada y forrada y hornear en horno precalentado a 140°C/275°F/Gas 1 durante media hora hasta que se seque.

Chips de chocolate y merengue de nueces

Hace 12

2 claras de huevo

175 g/6 oz/¾ taza de azúcar glass (súper fina).

50 g/2 oz/½ taza de chispas de chocolate

25 g/1 oz/¼ taza de nueces picadas

Precalienta el horno a 190°C/375°F/ marca de gas 5. Batir las claras hasta que se formen picos suaves. Agrega poco a poco el azúcar y bate hasta que se formen picos rígidos. Agrega las chispas de chocolate y las nueces. Deje caer cucharadas de la mezcla sobre la bandeja para hornear engrasada y colóquela en el horno. Apaga el horno y déjalo enfriar.

merengue de avellanas

Hace 12

100 g/4 oz/1 taza de avellanas

2 claras de huevo

100 g/4 oz/½ taza de azúcar glass (súper fina).

Unas gotas de esencia de vainilla (extracto)

Reserva 12 nueces para decorar, tritura el resto. Batir las claras hasta obtener una espuma firme. Agrega la mitad del azúcar y continúa batiendo hasta que se formen picos rígidos. Agrega el azúcar restante, las avellanas molidas y la esencia de vainilla. Saque la masa en 12 círculos en un molde engrasado y forrado y coloque una nuez encima de cada uno. Hornee en un horno precalentado a 130°C/250°F/marca de gas ½ durante 2-3 horas hasta que esté crujiente.

Pastel de capas de merengue con nueces

Hace un pastel de 23 cm/9

Para el pastel:

50 g/2 oz/¼ taza de mantequilla o margarina, ablandada

150 g/5 oz/2/3 taza de azúcar glass (súper fina).

4 huevos, separados

100 g/4 oz/1 taza de harina común (para todo uso)

10 ml/2 cucharaditas de levadura en polvo

Una pizca de sal

60 ml/4 cucharadas de leche

5 ml/1 cucharadita de esencia de vainilla (extracto)

50 g/2 oz/½ taza de nueces pecanas, finamente picadas

Para el pudín:

250 ml/8 fl oz/1 taza de leche

50 g/2 oz/¼ taza de azúcar glass (súper fina).

50 g/2 oz/½ taza de harina común (para todo uso)

1 huevo

Una pizca de sal

120 ml/4 fl oz/½ taza de crema doble (espesa)

Para hacer el bizcocho, mezcla la mantequilla o margarina con 100 g de azúcar hasta que quede espumoso. Batir poco a poco la yema de huevo hasta que esté espumosa, luego incorporar la harina, la levadura en polvo y la sal, alternando con la leche y la esencia de vainilla. Vierta en dos moldes para pastel (molde) de 23 cm/9 engrasados y forrados y alise la superficie. Batir las claras hasta obtener una espuma firme, luego agregar el azúcar restante y volver a batir hasta obtener una espuma firme. Distribuir sobre la mezcla del bizcocho y espolvorear con nueces. Hornear en horno precalentado a 150°C durante 45 minutos hasta que el merengue esté seco. Colocar sobre una rejilla para enfriar.

Para preparar el pudín, mezcla la leche con el azúcar y la harina. Ponga a hervir el resto de la leche en una cacerola, vierta sobre el azúcar y revuelva. Vierta la leche nuevamente en la cacerola enjuagada y déjela hervir, revolviendo constantemente, luego cocine a fuego lento, revolviendo, hasta que espese. Retirar del fuego, batir el huevo y la sal y dejar enfriar un poco. Batir la nata hasta obtener una espuma firme y luego mezclarla con la masa. Déjalo enfriar. Pon las tartas junto con el pudín en un sándwich.

Rodajas de macarrones con avellanas

hace 20

175 g/6 oz/1½ tazas de avellanas sin cáscara

3 claras de huevo

225 g/8 oz/1 taza de azúcar glass (súper fina).

5 ml/1 cucharadita de esencia de vainilla (extracto)

5 ml/1 cucharadita de canela molida

5 ml/1 cucharadita de piel de limón rallada

Papel de arroz

Pica aproximadamente 12 de las avellanas y luego corta el resto en trozos pequeños. Batir la clara de huevo hasta que esté espumosa y ligera. Agrega poco a poco el azúcar y continúa batiendo hasta que se formen picos rígidos. Agrega las avellanas, la esencia de vainilla, la canela y la ralladura de limón. Coloque los trozos de cucharadita amontonados en una bandeja para hornear forrada con papel de arroz y luego aplánelos en tiras finas. Déjalo reposar durante 1 hora. Hornear en horno precalentado a 180°C durante 12 minutos hasta que esté firme.

Capa de merengue y nueces

Rinde un pastel de 25 cm/10

100 g/4 oz/½ taza de mantequilla o margarina, ablandada

400g/14oz/1¾ taza de azúcar glass (súper fina).

3 yemas de huevo

100 g/4 oz/1 taza de harina común (para todo uso)

10 ml/2 cucharaditas de levadura en polvo

120 ml/4 fl oz/½ taza de leche

100 g/4 oz/1 taza de nueces

4 claras de huevo

250 ml/8 fl oz/1 taza de crema doble (espesa)

5 ml/1 cucharadita de esencia de vainilla (extracto)

Cacao en polvo (chocolate sin azúcar) para espolvorear

Batir la mantequilla o margarina y 75 g de azúcar hasta que esté suave y esponjosa. Revuelva gradualmente las yemas de los huevos hasta que estén espumosas, luego agregue la harina y el polvo para hornear, alternando con la leche. Vierta la masa en dos moldes para pasteles (moldes) de 25 cm/10 engrasados y enharinados. Reserva unas nueces para decorar, pica el resto en trozos pequeños y espolvoréalas sobre las tartas. Batir las claras hasta que estén firmes, luego agregar el azúcar restante y volver a batir hasta que estén espesas y brillantes. Extenderlo sobre los bizcochos y hornear en horno precalentado a 180°C, marca de gas 4, durante 25 minutos, cubriendo el bizcocho con papel vegetal hacia el final de la cocción, si el merengue también empieza a dorarse. mucho. Dejar enfriar en los moldes y luego desmoldar las tartas con el merengue encima.

Batir la nata y la esencia de vainilla hasta obtener una espuma firme. Coloca los bizcochos en un sándwich con la mitad de la nata,

con el merengue hacia arriba, y esparce el resto por encima.
Adorne con las nueces reservadas y espolvoree con cacao
tamizado.

Montañas Merengue

Suma 6

2 claras de huevo

100 g/4 oz/½ taza de azúcar glass (súper fina).

150 ml/¼ pt/2/3 taza de crema doble (espesa)

350 g/12 oz de fresas, en rodajas

25 g/1 oz/¼ taza de chocolate natural (semidulce), rallado

Batir las claras hasta obtener una espuma firme. Agrega la mitad del azúcar y bate hasta que esté espeso y brillante. Agrega el azúcar restante. En una bandeja para horno, coloca seis círculos de merengue sobre el papel de horno. Hornee en un horno precalentado a 140°C durante 45 minutos hasta que estén dorados y crujientes. El interior queda bastante blando. Retirar de la hoja y enfriar sobre una rejilla.

Batir la nata hasta obtener una espuma firme. Coloca o vierte la mitad de la crema sobre los círculos de merengue, coloca las frutas encima y luego decora con la crema restante. Espolvorea el chocolate rallado por encima.

Merengue De Crema De Frambuesa

Para 6

2 claras de huevo

100 g/4 oz/½ taza de azúcar glass (súper fina).

150 ml/¼ pt/2/3 taza de crema doble (espesa)

30 ml/2 cucharadas de azúcar glass (repostería).

225 g/8 oz de frambuesas

Batir las claras en un bol limpio y sin grasa hasta que se formen picos suaves. Agrega la mitad del azúcar y continúa batiendo hasta que se formen picos rígidos. Agrega suavemente el azúcar restante con una cuchara de metal. Forrar una bandeja para horno con papel de horno y colocar sobre ella pequeños merengues. Secar el merengue en el horno a la temperatura más baja posible durante 2 horas. Dejar enfriar sobre una rejilla.

Batir la nata con el azúcar glass hasta que esté firme y luego incorporar las frambuesas. Úselo para unir pares de merengues y apilarlos en un plato.

Tortas de ratafía

el tendra 16

3 claras de huevo

100 g/4 oz/1 taza de almendras molidas

225 g/8 oz/1 taza de azúcar glass (súper fina).

Batir las claras hasta obtener una espuma firme. Agrega las almendras y la mitad del azúcar y bate nuevamente hasta que se formen picos rígidos. Agrega el azúcar restante. Coloca pequeños círculos en una bandeja para horno engrasada y forrada y hornea en un horno precalentado a 150°C durante 50 minutos, hasta que los bordes estén secos y crujientes.

Caramelo Vacherin

Hace un pastel de 23 cm/9

4 claras de huevo

225 g/8 oz/1 taza de azúcar moreno suave

50 g/2 oz/½ taza de avellanas picadas

300 ml/½ pt/1¼ taza de crema doble (espesa)

Unas cuantas avellanas enteras para decorar

Batir las claras hasta que formen picos suaves. Agregue gradualmente el azúcar hasta que esté firme y brillante. Coloque el merengue en una manga pastelera equipada con una boquilla (punta) lisa de 1 cm/½ y coloque dos merengues de 23 cm/9 en una bandeja para hornear engrasada y forrada. Espolvoree con 15 ml/1 cucharada de nueces picadas y hornee en el horno precalentado a 120 °C/250 °F/termostato ½ durante 2 horas hasta que esté crujiente. Colocar sobre una rejilla para enfriar.

Batir la crema hasta obtener una espuma firme y luego agregar las nueces restantes. Coloca los círculos de merengue en un sándwich con la mayor parte de la nata, luego decora con el resto de la nata y espolvorea avellanas enteras por encima.

un bollo sencillo

hace 10

225 g/8 oz/2 tazas de harina común (para todo uso)

Una pizca de sal

2,5 ml/½ cucharadita de bicarbonato de sodio (bicarbonato de sodio)

5 ml/1 cucharadita de crémor tártaro

50 g/2 oz/¼ taza de mantequilla o margarina, en cubos

30 ml/2 cucharadas de leche

30 ml/2 cucharadas de agua

Mezclar la harina, la sal, el bicarbonato y el crémor tártaro. Agregue la mantequilla o la margarina. Agrega la leche y el agua poco a poco hasta obtener una masa suave. Amasar rápidamente sobre una superficie enharinada hasta que quede suave, luego extender hasta obtener un grosor de 1 cm/½ y cortar en círculos de 5 cm/2 con un cortador de galletas. Coloque las hamburguesas (galletas) en una bandeja engrasada y hornee en el horno precalentado a 230°C/450°F/termostato 8 durante aprox. 10 minutos, hasta que esté bien leudado y dorado.

Ricos scones de huevo

Hace 12

50 g/2 oz/¼ taza de mantequilla o margarina

225 g/8 oz/2 tazas de harina con levadura

10 ml/2 cucharaditas de levadura en polvo

25 g/1 oz/2 cucharadas de azúcar en polvo (súper fina).

1 huevo, ligeramente batido

100 ml/3½ fl oz/6½ cucharadas de leche

Desmenuza la mantequilla o margarina con la harina y la levadura. Agrega el azúcar. Mezclar el huevo y la leche hasta obtener una masa suave. Amasar ligeramente sobre una superficie enharinada y luego extender aprox. 1 cm/½ de grosor y cortar en círculos de 5 cm/2 con un cortapastas. Enrolla los bordes nuevamente y recórtalos. Coloque los bollos (galletas) en una bandeja engrasada y hornee en un horno precalentado a 230°C/450°F/termostato 8 durante 10 minutos o hasta que estén dorados.

Tarta de manzana

Hace 12

225 g/8 oz/2 tazas de harina integral (integral)

20 ml/1½ cucharada de levadura en polvo

Una pizca de sal

50 g/2 oz/¼ taza de mantequilla o margarina

30 ml/2 cucharadas de manzana para cocinar rallada

1 huevo batido

150 ml/¼ pt/2/3 taza de leche

Mezclar la harina, la levadura en polvo y la sal. Frote la mantequilla o la margarina y luego agregue la manzana. Mezcle gradualmente suficientes huevos y leche para hacer una masa suave. Estirar sobre una superficie ligeramente enharinada durante aprox. 5 cm/2 de espesor y cortar en círculos con un cortador de galletas. Coloca los scones (galletas) en una bandeja engrasada y unta con el huevo restante. Hornear en horno precalentado a 200°C durante 12 minutos hasta que se dore ligeramente.

Scones de manzana y coco

Hace 12

50 g/2 oz/¼ taza de mantequilla o margarina

225 g/8 oz/2 tazas de harina con levadura

25 g/1 oz/2 cucharadas de azúcar en polvo (súper fina).

30 ml/2 cucharadas de coco seco (rallado)

1 manzana para comer (de postre), pelada, sin corazón y picada

150 ml/¼ pt/2/3 taza de yogur natural

30 ml/2 cucharadas de leche

Frote la mantequilla o margarina con la harina. Agrega el azúcar, el coco y la manzana, luego agrega el yogur para hacer una masa suave, agregando un poco de leche si es necesario. Estirar sobre una superficie ligeramente enharinada durante aprox. 2,5 cm/1 de espesor y cortar en círculos con un cortapastas. Coloque las hamburguesas (galletas) en una bandeja engrasada y hornee en un horno precalentado a 220 °C/425 °F/termostato 7 durante 10-15 minutos hasta que estén bien leudadas y doradas.

Bollos de manzana y dátiles

Hace 12

50 g/2 oz/¼ taza de mantequilla o margarina

225 g/8 oz/2 tazas de harina común (para todo uso)

5 ml/1 cucharadita de especias mixtas (tarta de manzana)

5 ml/1 cucharadita de crémor tártaro

2,5 ml/½ cucharadita de bicarbonato de sodio (bicarbonato de sodio)

25 g/1 oz/2 cucharadas de azúcar moreno suave

1 manzana pequeña para cocinar, pelada, sin corazón y picada

50 g/2 oz/1/3 taza de dátiles sin hueso (sin semillas), picados

45 ml/3 cucharadas de leche

Frote la mantequilla o margarina con la harina, la mezcla de especias, el crémor tártaro y el bicarbonato de sodio. Agregue el azúcar, las manzanas y los dátiles, luego agregue la leche y mezcle hasta obtener una masa suave. Amasarlo ligeramente, luego extenderlo sobre una superficie enharinada hasta obtener un grosor de 2,5 cm/1 y cortarlo en círculo con un cortador de galletas. Coloca las hamburguesas (galletas) en una bandeja engrasada y hornea en horno precalentado a 220°C durante 12 minutos, hasta que suban y estén doradas.

pastel de cebada

Hace 12

175 g/6 oz/1½ tazas de harina de cebada

50 g/2 oz/½ taza de harina común (para todo uso)

Una pizca de sal

2,5 ml/½ cucharadita de bicarbonato de sodio (bicarbonato de sodio)

2,5 ml/½ cucharadita de crémor tártaro

25 g/1 oz/2 cucharadas de mantequilla o margarina

25 g/1 oz/2 cucharadas de azúcar moreno suave

100 ml/3½ fl oz/6½ cucharadas de leche

Yema de huevo para el glaseado

Mezclar las harinas, la sal, el bicarbonato y el crémor tártaro. Frote la mantequilla o la margarina hasta que la mezcla parezca pan rallado, luego agregue el azúcar y suficiente leche para hacer una masa suave. Estirar sobre una superficie ligeramente enharinada hasta obtener un grosor de 2 cm/¾ y cortar en círculos con un cortador de galletas. Coloque los bollos (galletas) en una bandeja para hornear engrasada y unte con yema de huevo. Hornear en horno precalentado a 220°C hasta que se doren en 10 minutos.

Pastel de dátiles

Hace 12

225 g/8 oz/2 tazas de harina integral (integral)

2,5 ml/½ cucharadita de bicarbonato de sodio (bicarbonato de sodio)

2,5 ml/½ cucharadita de crémor tártaro

2,5 ml/½ cucharadita de sal

40 g/1½ oz/3 cucharadas de mantequilla o margarina

15 ml/1 cucharada de azúcar glass (súper fina).

100 g/4 oz/2/3 taza de dátiles sin hueso (sin semillas), picados

Aproximadamente 100 ml/3½ fl oz/6½ cucharadas de suero de leche

Mezclar la harina, el bicarbonato de sodio, el crémor tártaro y la sal. Frote la mantequilla o la margarina, luego agregue el azúcar y los dátiles y haga un hueco en el centro. Mezcle gradualmente suficiente suero de leche para hacer una masa medianamente suave. Estirar gruesamente y cortar en triángulos. Coloca los scones (galletas) en una bandeja engrasada y hornea en horno precalentado a 230°C durante 20 minutos hasta que estén dorados.

Bollos Herbie

Hace 8

175 g/6 oz/¾ taza de mantequilla o margarina

225 g/8 oz/2 tazas de harina normal (para pan) espesa

15 ml/1 cucharadita de levadura en polvo

Una pizca de sal

5 ml/1 cucharadita de azúcar moreno blando

30 ml/2 cucharadas de mezcla de hierbas secas

60ml/4 cucharadas de leche o agua

Leche para cepillarse los dientes

Frote la mantequilla o margarina con la harina, la levadura en polvo y la sal hasta que la mezcla parezca pan rallado. Agregue el azúcar y las hierbas. Agrega suficiente leche o agua para hacer una masa suave. Sobre una superficie ligeramente enharinada, aprox. Estirar hasta obtener un grosor de 2 cm/¾ y cortar en círculos con un cortador de galletas. Coloque los bollos (galletas) en una bandeja engrasada y unte la parte superior con leche. Hornear en horno precalentado a 200°C durante 10 minutos hasta que estén bien leudados y dorados.